● **상원사종**

우리나라의 전통적인 범종 중 가장 오래된 종이다. 신라 시대인 725년에 주조되었다(국보 제36호). 용뉴와 음통, 문양과 종의 곡선미 등의 디자인이 당시 중국종과 크게 다른 매우 독창적이고 아름다운 종이다. 신라의 다른 범종은 물론 고려와 조선 범종 디자인에 영향을 두루 끼쳤다.

● **상원사종 비천상**
종의 곡면에 조각된 아름다운 문양이며, 구름을 타고 하늘로 오르는 선녀 모습이다. 두 주악비천상은 악기 공후와 생을 연주하고 있다.

● **상원사종 당좌**
종을 당목으로 치는 자리에 아름다운 연꽃문양 당좌가 배치되어 있다. 당좌 중앙부에 19개의 씨방인 자방이, 그 외측 원환부에 8개의 꽃잎이 조각되어 있다. 꽃잎 외측 원환부에는 당초문양이 조각되어 있다. 상원사종의 당좌 위치는 종 걸이에 최소의 힘을 미치는 스위트 스폿이며 맥놀이 종소리를 아름답게 만드는 최적의 위치임이 과학적으로 밝혀졌다.

● **상원사종 용뉴**

중국의 단순한 쌍용 용뉴와 달리 아름답고 힘찬 모습의 단용 조각과 음통이 결합되어 있는 용뉴다. 독창적인 디자인을 세계 최초로 선보인 용뉴다. 음통은 피리 소리가 세상에 평화를 가져온다는 만파식적의 전설과 신라 사상을 담고 있다. 이 용뉴 디자인은 다른 우리나라 전통 범종 디자인의 원천이 되었다.

● **상원사종 유곽과 유두**

사다리꼴 모양의 유곽이 종 상부의 네 곳에 배치되었다. 유곽 외측의 띠인 유곽대에는 꽃문양과 비천상과 당초문양이 장식되어 있다. 유곽대 안쪽에는 젖꼭지 모양의 아름다운 돌출형 유두 9개가 배치되어 있다.

● **청주박물관 신라종**

청주 운천동 출토 신라종으로도 인용된다 (보물 제1167호). 통일신라 말기에 만든 것으로 추정된다. 신라종의 특징인 단용과 음통의 용뉴와 유곽과 유두, 아름다운 비천상과 당좌문양이 배치되어 있다. 특이하게 상대와 하대에 문양이 없다.

● 청주박물관 신라종 용뉴

종체의 최정상부인 천판 위에 아름다운 조각인 단용과 음통이 있다. 음통에는 연꽃 등의 문양이 있다. 음통의 상부와 용의 우측 앞발 다리가 절단되어 분실되었다.

● 청주박물관 신라종 당좌

원형 당좌의 중앙에는 9개의 씨방인 자방과 5개의 보주가, 그 외측의 원환부에 12개의 꽃잎이 조각되어 있다. 꽃잎 바깥쪽의 원환부에는 당초문양과 새로 보이는 문양이 조각되어 있다. 매장 출토 종이어서 당좌가 타종에 이용되었는지 알 수 없다.

● 청주박물관 신라종 천판 부위

종을 위에서 내려다 본 용뉴와 천판이며 음통이 손상된 것을 볼 수 있다. 오랜 기간 땅속에 묻혀 있어 다소 부식이 되어 있다. 천판이나 종의 내·외부에 명문이 없어서 주조 연대를 알 수 없다.

● **용주사종**

고려 전기의 대표적인 범종이다(국보 제120호). 주조 연도는 미상이다. 용뉴와 유곽, 유두, 당좌, 상대, 하대 등은 신라종의 양식을 따랐다. 종신의 유곽 사이 밑에 비천상과 삼존상이 있는 것이 신라종과 다른 특징이다.

● **용주사종 삼존상과 비천상**

천의를 휘날리며 두광으로 머리에서 빛을 발하면서 합장하여 승천하는 삼존상의 문양이다. 천의를 날리며 승천하는 비천상 문양이 종신에 대칭으로 아름답게 조각되어 있다. 고려전기 범종의 새로운 양식으로 알려져 있다.

● **용주사종 명문**

용주사종은 원래 명문이 없는 무명 종이었다. 후에 2차에 걸쳐 종체 외부 표면에 음각으로 명문을 새겨 넣은 것으로 보인다.

● **낙산사종**

1469년(예종 원년)에 주조되었다(보물 제479호). 용뉴가 쌍용이며 음통이 없고 종신에 태조선 띠가 있는 한·중 혼합 양식을 보여준다. 2005년 산불로 소실되었으나, 복제된 종이 낙산사 범종각에 걸려 있다.

● **해인사 대적광전 홍치4년명종**

1491년(성종 22)에 주조되었다(보물 제1253호). 용뉴는 쌍용으로 작은 편이나, 용의 모습이 사실적으로 표현되어 있고 발가락이 특이하게 5개다. 중국의 영향을 받아 천판이 공의 일부처럼 곡면이고 종 중앙부에 3조의 태조선 띠가 돌려져 있다. 태조선 아래에는 구름위로 날아다니는 용 문양이 있다. 이러한 용 문양은 이 종이 처음이다.

● **고견사종**

1630년(인조 8)에 주조되었다(보물 제 1700호). 쌍용의 용뉴 위에 여의주가 있는 특이한 종이다. 유곽 사이에 두광을 발하며 연꽃 위에 앉아 있는 4구의 보살좌상과 위패 문이 있고 종의 하부 태조선 사이의 공간에 양각의 명문을 넣었다.

● **현등사종**

1619년(광해군 11)에 주조되었다(보물 제 1793호). 쌍용의 용뉴와 곡면의 천판과 여러 개의 태조선으로 구성되어 있고, 당좌와 보살상이 없다. 유곽내의 유두가 앉아 있는 유두 좌의 모양이 특이하다.

● 보신각새종

조선시대의 대표적인 종인 보신각종에 균열이 발견되어 1985년에 보신각새종을 주조하여 광화문 종각에 걸었다. 원래의 종과 새종 모두 높이가 2m20cm를 넘고 중량이 19.6톤인 대형종이다. 새종은 신라시대부터 이어온 단용과 음통의 용뉴와 당좌 등의 전통양식을 채택했다. 보신각새종에는 비천상 대신 한국 사상과 관련이 있고 역동적인 태극형성도 문양을 넣었고, 당좌에 무궁화 문양을 새겼다.

우리종

All rights reserved.

All the contents in this book are protected by copyright law.

Unlawful use and copy of these are strictly prohibited.

Any of questions regarding above matter, need to contact 나녹那碌.

이 책에 수록된 모든 콘텐츠는 저작권법에 의해 보호받는 저작물이므로 무단전재와 무단복제를 금합니다.

나녹那碌 (nanoky@naver.com)으로 문의하기 바랍니다.

우리가정말알아야할 우리종

펴낸 곳 | 나녹那碌
펴낸이 | 형난옥
지은이 | 이장무·김석현·염영하
기획 | 형난옥
편집 | 김보미, 박해진
디자인 | 김용아
ai 작업 도움 | 이진솔, 권미희
본문 이미지 보정 | 박해정
초판 1쇄 인쇄 | 2019년 12월 10일
초판 2쇄 인쇄 | 2020년 10월 20일
등록일 | 제 300-2009-69호 2009. 06. 12
주소 | 서울시 종로구 평창 21길 60번지
전화 | 02- 395- 1598   팩스 | 02- 391- 1598

ISBN 978-89-94940-88-5 (93550)

이 도서의 국립중앙도서관 출판예정도서목록(CIP)은 서지정보유통지원시스템 홈페이지(http://seoji.nl.go.kr)와 국가자료종합목록 구축시스템(http://kolis-net.nl.go.kr)에서 이용하실 수 있습니다.
(CIP제어번호 : CIP2019037420)

우 우리가 정말 알아야 할
리
가
정
말
알
아
야
할

우·정·알

우리종

이장무
김석현
염영하

나녹
那碌

머리말

상원사종과 스티브잡스의 스마트폰

몇년 전 우리나라를 방문한 미국의 대통령은 국회 연설에서 "오늘날 대한민국의 경제 규모는 1960년과 비교해 350배에 이르고, 교역은 1900배 가까이 증가했습니다.····지난 수십년간 대한민국의 과학자와 공학자들이 무척 많은 훌륭한 것을 발명했습니다.····대한민국은 여러 국가 중에서 강력하고 위대하게 서 있습니다." 했다. 우리가 아닌 외국에서 보는 대한민국의 과거와 현실이다. 그렇다. 대한민국은 근면과 도전정신, 뛰어난 재능으로 과학기술 강국, 산업대국, 한류와 심오한 사상을 중심으로 한 문화·예술 강국, 과학으로 무장한 스포츠 강국으로 우뚝 섰다.

우리는 어떻게 이러한 기적을 이룰만한 DNA를 갖게 되었는가. "생물은 한정된 생존의 시간이 갖는 한계를 뛰어넘기 위해 후대에 DNA를 전달한다." 했다. 저자는 수천년에 걸쳐 전승된 우리민족의 뛰어난 DNA, 우리나라의 기술과 문화 진화의 DNA는 자랑스러운 문화유산을 통해서 엿볼 수 있다고 생각한다. 신라의 상원사종, 성덕대왕신종과 불국사와 첨성대, 고구려의 고분벽화, 백제의 금동향로, 미륵반가사유상, 고려의 팔만대장경, 금속활자와 청자, 조선의 한글, 조선왕조실록, 대동여지도, 혼천의, 자격루, 측우기, 수원화성 등의 문화유산이 왜 자랑스러운가를 여실히 보여준다. 우리 선조 시대의 주목할 만한 가치가 있는 문화유산과 기록을 현 세대에 알리고, 후대에 전달하는 것이 매우 중요하다. 이러한 의미에서 우리 문화유산 중 뛰어난 예술과 사상과 과학기술이 훌륭하게 융합된 대표적 유산인 종에 대한 책을 편찬하게 되었다.

종은 일종의 타악기면서 아름다운 조형물이다. 종은 5~6천여 년 전, 도자기로 만들어진 종에서 유래했다. 청동으로 만든 종은 3천여 년 전에 중국의 상나라에서 시작된 것으로 알려져 있다. 우리나라에 청동 기술이 들어온 것은 2천7백~2천9백여 년 전이나 독창적이고 우월한 청동 종이 주성된 것은 통일신라시대인 1천 2백여 년 전이다. 725년 통일신라 때 최초로 주성된 상원사종은 우리나라의 대표적인 범종 중 하나로 종체의 곡선미와 조각 문양 등 조형 측면과 장중하고 살아 숨쉬는 듯한 완벽한 음향이 조화를 이루고 있다.

신라종의 구성 요소인 종체, 용두, 음통, 당좌, 비천상, 명동 등은 다른 종들이 따라올 수 없을 정도로 탁월한 과학 기술과 예술성을 동시에 갖췄다. 신라종은 독창성이 높고, 예술성과 종교·사상, 과학 기술이 집약되어 있다. 중국종과는 다른 고유의 독창적인 설계로 제작된 상원사종이 신라의 주종장 사□대사仕□大舍에 의해 주성된 것은 스티브 잡스가 기존의 휴대폰과는 다른 인문과 기술이 결합된 스마트 폰을 세상에 내놓은 것과 같다. 종의 형상과 종 걸이에 해당하는 용뉴의 비대칭적 조각물, 종 표면에 조각된 새로운 형태의 다양한 문양과 당좌 등은 신라의 문화와 사상이 담긴, 기존 중국종과는 완전히 다른 새로운 디자인이었고, 고려, 조선, 오늘의 종 설계에까지 영향을 미쳤다.

에밀레종의 전설로도 유명한 성덕대왕신종은 동양의 청동문화의 정수를 보이는 가장 웅장하고 아름다운 세기의 명종이며, 금속공예의 금자탑으로 많은 학자의 연구 대상이 되어 왔다. 이와 같은 문화유산을 갖고 있다는 것은 우리 민족의 우수성을 후손에게 보여주며, 문화민족의 긍지를 깊이 심어주는 원천이 되고 있다. 한국을 방문했던 독일의 세계적인 고고학자 켄멜 박사가 경주에서 성덕대왕신종을 보고 "이 종은 세계에서 제일이다. 독일에 이런 종이 있다면 이것 하나만으로도 능히 박물관이 될 수 있다." 한 것만 보더라도 이 신종이 얼마나 훌륭한 종인지를 짐작할 수 있다. 저자(이장무)는 1990년 중국 심천에서 열린 아시아·태평양 진동·음향 국제학술대회에서 기조강연자로서 성덕대왕신종의 신비한 음향에 대해 강연을 한적이 있다. 당시 아시아·태평양 지역 국가의 많은 학자가 참석했는데 특히 중국의 원로 학자들이 "종을 최초로 만든 나라가 중국인데, 한국이 세계에서 가장 뛰어난 전통 종을 갖고 있고, 종의 원리를 규명하는 과학기술도 최고 수준에 있다는 것이 매우 부럽다."고 한 것이 생각난다. 저자는 2003년에도 세계적인 국제학술대회(Inter·Noise2003)에서 총회 기조강연을 했다. 이 때도 우리종의 신비한 음향 등에 대해서 발표하여 큰 호응을 받았다.

신라종을 비롯한 전통적인 우리나라 종에는 종 표면에 예술성이 뛰어난 문양과 조형물을 새겼다. 종을 타격하는 부위에는 원형의 연꽃 문양의 당좌撞座가 전후 대칭으로 조각되어 있다. 당좌 옆에는 하늘로 날아오르는 선녀와 같은 아름다운 비천상이 조각되어 있다. 종의 하단부를 두르는 띠 모양의 하대下帶에도 섬세한 문양을 조각했다. 성덕대왕신종은 종 하단의 하대 모양이 중국종에서 볼 수 있는 팔능(8개의 능모양의 곡선 부분)의 형식을 엿보이고 있으나, 중국종의 하대보다 훨씬 더 우아하고 세련된 디자인을 보여준다. 독창적인 디자인의 상원사종과 성덕대왕신종은 주조기술도 탁월해서 문양 요철의 높고 낮음이 크지 않으면서도 문양과 조각을 예술적으로 표현했고, 종소리의 왜곡에 미치는 영향을 최소화했다. 청동 주조에서 문양을 섬세하고 아름답게 표현하는 것은 지금도 재현이 쉽지 않은 밀납과 주물모래 혼용의 정밀 주조법으로만 가능하다. 디자인과 정밀 주조 기술은 당대 최고였다.

우리종은 아시아의 다른 나라 종들과 달리 종 상부의 조각인 용뉴의 용의 몸체가 온전한 단용單龍이 대부분이다. 신라의 상원사종과 성덕대왕신종의 용뉴는 힘차고 기백 있는 용의 모양과 크기가 종과 전체적으로 잘 어울린다. 또 용과 일체가 된 피리 모양의 음통音筒이 있다. 큰 피리 모양의 원통형 음통은 용뉴의 허리와 다리의 중간 부위와 일체가 되어 천판에 설치되어 있다. 신라인들이 종 상부의 용뉴에 특이한 신비의 음통을 만든 것은 오랜 기간 수수께끼였다. 음통이 일종의 장식인지, 어떠한 과학적 기능을 갖고 있는지에 대해 많은 연구가 이루어졌다. 대표적인 것이 황수영의 '만파식적萬波息笛설'이다. 이 음통이 신라의 평화를 상징하는 신라 제1의 국보이고 신기神器인 만파식적이라는 것이다. 이 음통은 이러한 상징성도 있지만 동시에 종 걸이 지지를 보완하고 소리를 맑게 하는 과학적 기능도 있다. 그러나 조선 시대에 이르러 우리종은 중국종의 영향을 받아 쌍용의 용뉴를 사용하는 등 과학적으로나 예술적으로나 퇴보한 면이 있다.

종 표면에 조각된 상원사종의 비천상은 2인조의 쌍주악 비천상이 구름을 타고 천의天衣를 휘날리며 악기를 연주하는 모습이다. 왼쪽은 공후(箜篌 : 하프와 비슷한 동양의 옛 현악기), 오른쪽은 생(笙 : 휘어진 피리 모양)의 악기를 갖고, 종소리와 함께 신비하고 아름다운 협주를 하고 있다. 성덕대왕신종의 비천상은 종의 배 부분에 4개가 조각되어 있다. 향로를 받들고 내려오는 천인을 묘사한 섬세하고 미려하게 조각된 비천상이 전체적으로 조화와 균형을 이루고 있다. 비천상은 구름위의 연꽃 형상 받침대인 연화좌에 성스러운 모습으로 무릎 꿇고, 불교에서 이상화한 꽃인 보상화를 구름과 같이 피어오르게 하면서 향로를 받들어 공양하는 보살로 묘사되어 있다.

통나무인 당목으로 종의 몸체를 타격할 때 종을 치는 자리를 당좌라고 부른다. 아름다운 연꽃 모양으로 조각된 당좌의 위치는 종소리의 특색과 종의 수명을 좌우한다. 당좌의 위치를 최적으로 정해야 숨쉬듯, 끊어질 듯하다가 되살아나는 맥놀이 여음이 완벽해지고, 타종할 때 종을 거는 종걸이에 작용하는 힘이 최소가 되어 경쾌하게 타종할 수 있다. 그 결과 종의 수명이 길어지며 종걸이 부위의 마찰도 최소가 되어 잡음을 없애며 종소리의 여음도 길어진다. 이는 야구 방망이가 스위트 스팟에서 볼을 타격하면 손잡이에 최소의 힘이 걸리고 홈런과 같은 장타를 칠 수 있다는 이론과 같다. 저자(이장무)는 신라종을 위시한 우리종의 당좌 위치가 최적점인 타격중심(Center of Percussion)이며 동시에 여음의 맥놀이를 완벽하게 발생시키는 위치임을 보고해서 많은 학자가 신라종의 신비에 감동하게 한 적이 있다. 신라인들이 첨단 과학 이론을 알았는지 신기하다. 조선시대에는 중국종의 영향을 받아 당좌가 없어지고 종의 하대 부분을 타격하게 되었다.

우리종의 또 하나의 독창성은 종소리를 공명시켜 크게 울리게 하는 장치인 항아리나 웅덩이 모양의 명동鳴洞이다. 신라 시대에 종의 아래 바닥을 파서 만든 공동空洞이 기원이다. 종소리가 적당한 크기의 명동과 공명을 일으키면 종소리가 커져 멀리까지 가게 된다. 명동은 바이올린이나 통기타의 울림 통이 현의 진동음을 공명시켜 소리를 더욱 크고 풍부하게 만드는 것과 같은 효과를 낸다. 명동의 공명 원리는 현대의 최첨단 자동차 설계에도 응용된다. 자동차 차체의 진동에 의한 소리가 자동차 내부 공간의 울림과 공명이 일어나지 않게 만들어야 차가 조용해진다. 신라종은 소리를 크게, 자동차는 소음을 작게 할 뿐 같은 원리다. 이러한 최첨단 기술이 1천2백여 년 전 당시에 어떻게 응용될 수 있었는지 놀라울 뿐이다. 저자들은 이 기법을 현대자동차 설계진에게 전수한 바 있다. 신라인들은 명동을 경험이나 창의적 사고로 고안하고 첨단 공학 이론에 버금가는 최적의 공간을 만들어 냈다.

우리종은 동과 주석의 성분비가 대략 동 80%~85%, 주석12%~15% 정도 함유된 주석청동으로 주조되었다. 신라시대의 성덕대왕신종, 상원사종, 선림원종, 실상사종 등의 성분분석치의 평균은 동 80.4%에 주석 14.2%의 합금비를 가지고 있다. 이는 우리나라 청동기시대 무기류인 동검의 분석치 동 79.2%, 주석 13.4%와 가깝다. 성덕대왕신종 등 신라종이 동검과 동 : 주석의 조성비가 유사한 것은 단단하면서도 타격할 때 잘 깨져서는 안 되는 칼과 종의 특성을 고려해서 합금의 비율을 올바르게 계산한 결과다. 동검과 같은 청동무기를 만들었던 기술이 주조기술로 이어져 좋은 종이 만들어진 것이다. 에밀레종의 설화에서 종을 주성할 때 어린 아기를 인주로 바친 것은 종의 인燐 성분에 영향을 주었을 것이라는 의견도 있다. 중국에서는 주조할 때 말과 같은 동물, 생나무 같은 유기물을 넣었다는 설이 있다. 이는 주조 쇳물의 유동성과 탈산에 영향을 줄 수 있다. 에밀레종 설화는 무게 19톤, 구경 2.23m, 높이 3.66m의 대종의 주조가 얼마나 어려웠는가를 엿보게 한다. 큰 용광로의 도가니와 자동화된 크레인 시설을 쓰는 요즈음도 20톤에 육박하는 대종의 주조는 매우 어렵다. 특히 섬세한 문양과 조각의 높은 예술성을 표현할 수 있는 정밀주조는 더욱 어렵다.

머리말을 마무리하기 전에 우리의 전통종과 관련된 일화 하나를 소개한다. 현대자동차가 오래전에 엔진을 만들지 못해서 일본의 유명한 자동차 회사인 M사에서 엔진을 수입했다. 나중에 우리도 엔진을 만들 수 있으니 기술을 넘겨달라고 했다. M사에서는 다른 기술도 취약한데 핵심기술인 엔진을 만들 수 없다며 거절했다. 고민 끝에 현대자동차에서 M사의 기술담당 상무를 초청해서 경주박물관에 있는 성덕대왕신종을 보여주었다고 한다. 그러자 그 상무는 종의 주조기술과 예술성에 감탄하여 언제 만든 것이냐고 물었다고 한다. 그 후 M사의 엔진주조기술은 현대자동차에 이전되었다. 후손들이 지혜로운 선조의 덕을 본 것이다. 그러나 흥미있는 것은 현대자동차가 이 엔진기술을 엄청나게 열심히 개발해서 나중에는 다임러 벤츠와 M사가 우리나라의 엔진 설계기술을 1천여억 원을 주고 사갔다는 것이다. 우리에게서 거꾸로 엔진기술을 배워갔으니 얼마나 자랑스러운 일인가. 결국 문화유산의 창의적인 지식과 우리의 창의적 노력이 새로운 원천기술을 만든 것이다.

한국의 종에 대해서는 저자인 염영하, 이장무를 비롯한 이홍식, 홍사준, 황수영, 정명호, 정영호, 이호관, 이영배, 나형용, 이병호, 이기동, 강우방, 김석현, 최응천, 박방용 등 수많은 학자가 연구했다. 특히 고 염영하교수는 우리나라 범종에 대한 실측 조사, 역사적 자료 수집과 분석, 종 도면 작성, 사진 촬영을 주도하고 모은 자료를 집대성했다. 이장무, 나형용, 이영배, 김석현과 함께 주조 연구, 종의 진동·음향 실험과 해석 등의 연구를 하며 보신각새종, 부산 시민의종, 독립기념관종 등 현대의 대종을 많이 주성했다. 이때 고 염영하교수 연구실과 이장무교수 기계역학연구실의 수많은 대학원생이 종의 설계와 실험, 연구에 참여했다. 이 수십 명의 대학원생들이 이제는 대학 교수로, 현대자동차와 삼성전자 등의 산업체에서 첨단 기술을 담당하는 핵심 임원과 간부로 일하고 있다. 이 분들에게 깊은 감사를 표한다.

고 염영하교수는 이러한 연구 자료를 토대로 『한국의 종』, 『한국 종 연구』 등의 훌륭한 저서를 출간했다. 이 저서의 출간 이후에도 많은 새로운 연구가 이루어졌다. 그러나 이 저서들이 방대한 자료를 담고 있어서 일반인이 접하고 읽기에 어렵다는 의견이 있었다. 그래서 우리종이 왜 예술적으로, 과학기술적으로 우수한가에 초점을 맞춘 새로운 내용을 넣고, 기존의 내용 중 꼭 알아두면 유익한 내용을 간추려 새 책을 발간하게 되었다. 특히 저자인 이장무와 김석현이 최근까지 신라종 등 우리나라 전통 종의 우수성을 동역학, 진동학, 음향학의 관점에서 연구한 결과가 대폭 포함되었다. 물론 새로운 해석 내용과 사진, 실험 자료 등이 추가되었다. 세계 최고의 종인 신라, 고려, 조선의 종의 뛰어난 과학기술을 일반 독자들이 보다 쉽게 이해할 수 있도록 종 관련 진동과 음향 등에 대한 기초 이론을 상세하게 기술했다. 이 책을 저술하는데 있어 출판사 나녹의 형난옥 대표와 박해진 작가가 책의 구성과 문장의 교정, 사진 추가

촬영 등에 큰 도움을 주었다. 감사드린다. 그간 함께 한국 전통 종 주성을 해준 성종사의 원광식사장과 신라종 추가 답사 조사에 함께 하여 도움을 준 한국범종학회 이기선회장에게도 감사드린다. 상원사종 촬영에 도움을 주신 스님들께도 감사드린다. 이 책에서 인용한 연구 자료와 논문의 저자들한테도 감사드린다.

  독자들은 이 책에 소개한 우리 종의 뛰어난 과학기술과 예술성을 접하면서 우리문화와 과학기술을 사랑하고 우리 조상이 남긴 문화재들을 진정으로 자랑스러워하는 마음이 저절로 들 것이라고 믿는다. 이러한 우수한 과학기술과 예술성의 DNA가 오늘날 우리가 이룩한 첨단 산업과 눈부신 경제 발전은 물론 세계로 뻗어가는 우리의 문화·예술을 이룬 토대가 된 것도 알게 될 것이다. 이러한 마음이 선현이 이룩한 문화유산과 창조적 정신에 대한 무한한 존경으로 이어지기를 희망한다.

대표집필 이장무

차례

머리말 상원사종과 스티브잡스의 스마트폰 4

1 종의 기원과 종류
   1 종의 기원 18
   2 동양종과 서양종 25
   3 우리종, 중국종, 일본종 35
   4 우리종의 종류 38

2 우리종만의 구성 요소
   1 우리종의 모양 42
   2 우리종 각 부분의 특징 44

3 디자인의 예술성 57

4 주조의 과학성
   1 범종의 재질 64
   2 우리종의 주조 공정 66

5 소리의 탁월성
   1 소리의 과학 72
   2 우리종 소리의 우수성 85
   3 맥놀이 88
   4 우리종의 구조와 소리 98
   5 타종 방법과 소리 103
   6 명동과 음통 109
   7 재질과 소리 114

6 신라종

1 상원사종　120

2 성덕대왕신종(봉덕사종)　129

3 청주박물관 신라종　138

4 운수사종　143

5 그 외 신라종

　　선림원종 146 | 실상사종 147 | 연지사종 147 | 송산촌대사종 148 | 광명사종 149

7 고려종

1 천흥사종　154

2 용주사종　157

3 내소사종　160

4 탑산사종　164

5 개성 연복사종　167

6 그 외 고려종

　　청녕4년 명종 170 | 태안2년 명장생사종 171 | 동원 1800종 171 | 삼선암종 172 | 보암사 을축명종 173

8 조선종

1 보신각종　180

2 낙산사종　183

3 봉선사종　188

4 쌍계사 대웅전종　191

5 강화동종　193

6 그 외 조선종

　　해인사 홍치4년명종 194 | 흥천사종 195 | 삼막사종 196 | 고견사종 196 | 법주사숭정구년명종 197 | 보광사종 198 | 마곡사종 199 | 봉은사 강희명종 200 | 화계사종 201 | 통도사 대종 202 | 현등사종 203

9 현대 우리종

  1 보신각새종 206
  2 그 외 현대종

   화천 세계평화의종 221 | 포천 시민의종 222 | 독립기념관 통일의종 223 | 충북 천년대종 224 | 부여 백제대종 225 | 광주 민주의종 226 | 경북대종 227 | 사천 시민대종 228 | 부산 시민의종 229 | 불국사 통일대종 230 | 신라대종 231 | 대만 명선사종 232

주   233
찾아보기   238

1
종의 기원과 종류

1 종의 기원

　종鐘은 소리를 내는 실용구이며 아름다운 예술품이기도 하다. 주로 금속으로 만든다. 음향을 내는데 쓰이므로 일종의 타악기다. 세계의 모든 문화권에서 볼 수 있는데, 어느 문화권에서 먼저 만들어 썼는지는 알 수 없다. 중국 서안에서 발굴되어 북경고종박물관에 소장된 5~6천 년 전의 도자기 종인 '도종陶鐘'에서 유래했다고 한다. 인도의 소리를 내는 타명기打鳴器라는 의미의 '칸타Ghanta'에서 유래했다는 설도 있다.

　청동으로 만든 타명기용 종(그림 1-1)으로는 영종鈴鐘, clapper bell이 최초인 것으로 본다. 3,000여 년 전인 기원전 11~16세기의 중국의 청동기시대에 해당하는 상商나라와 은殷나라의 초기문화 유적에서 발굴된 종이다.[1,2] 일종의 방울종인 이 종은 높이가 평균 5cm 정도로 아주 작다. 통상 옷에 달았고, 장례용 부장품으로도 사용되었다. 종 표면에 장식된 문양이 눈길을 끈다.

　은나라 말기(기원전 11세기)에는 타명기용 청동 종을 만들어 제례용 악기로 썼다. 고동기古銅器 중에서 제기로 쓰인 종은 높이 20cm

내외의 종 몸체의 횡단면이 은행銀杏 모양이다. 손잡이를 흔들며 봉棒으로 겉면을 두드려 종을 쳤고, 손으로 잡고 친다는 의미에서 집종執鐘이라고 불렀다. 주

그림 1-1_최초의 청동으로 만든 타명기용 종

나라 전기인 기원전 8~10세기의 종은 그 형태가 이전의 종과 비슷하지만 그림 1-2와 같이 종 둘레에 사각형 테두리인 구곽區廓을 4개 두고, 각 테두리 안에 9개씩 모두 36개의 경景이라는 돌기물을 만들었다. 종의 단면은 은행 모양의 타원형이며, 높이는 50cm 내외다. 종의 천정 부분에 있는 원통형 모양의 손잡이를 용甬, 종 몸체의 윗부분을 정鉦, 아랫부분을 고鼓라고 불렀다. 몸체의 하단을 봉으로 때려 종소리를 냈다.[3] 대만의 국립고궁박물원에 소장된 이 용종甬鐘의 하부에는 종을 만든 사연이 새겨져 있다.

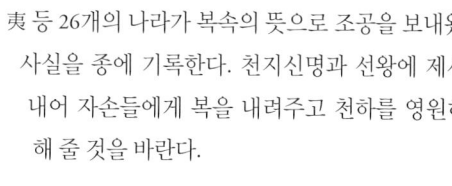

여왕厲王이 직접 남방을 정복했다. 남이南夷와 동이東夷 등 26개의 나라가 복속의 뜻으로 조공을 보내왔다. 이 사실을 종에 기록한다. 천지신명과 선왕에 제사를 지내어 자손들에게 복을 내려주고 천하를 영원히 보호해 줄 것을 바란다.

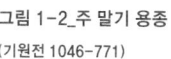

그림 1-2_주 말기 용종
(기원전 1046-771)

그림 1-3은 고동기종古銅器鐘의 변천을

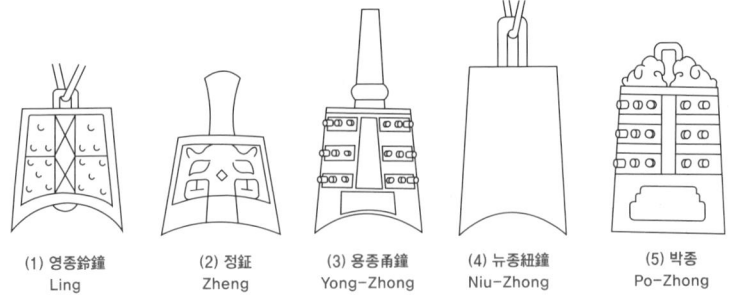

| (1) 영종鈴鐘 Ling | (2) 정鉦 Zheng | (3) 용종甬鐘 Yong-Zhong | (4) 뉴종鈕鐘 Niu-Zhong | (5) 박종 Po-Zhong |

그림 1-3_중국 고동기종의 변천

보여준다.

주나라 후반기인 기원전 7세기 이후에는 종모양이 달라졌다. 그림 1-3의 (1)~(4)에서와 같이 이전의 종 하단 선이 위로 굽었던 형상에서 그림 1-3의 (5)와 같이 수평으로 되었다. 또 용을 없애고 대신 종의 천정 부분에 괴수로 된 종고리인 뉴鈕를 만들었다. 이와 같은 종을 '쇳덩이 종'이라는 의미의 '박종鎛鐘'이라고 불렀다. 그림 1-4는 서주西周 중만기中晚期의 박종이다.

한편 중국종에는 그림 1-5와 같은 모양의 악기와 제기에 쓰인 여러 형태의 고동기종이 있다. 천정부분에는 종 고리가 있고, 종 몸체의 상부는 반구형이다. 몸체 하부

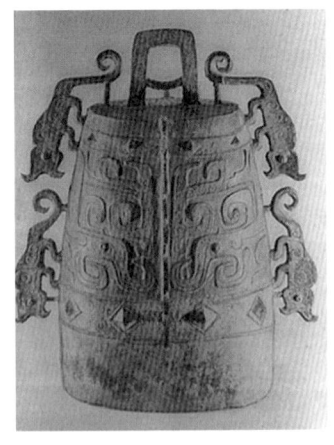

그림 1-4_서주 중만기의 박종
(기원전 7세기, 26.4×42cm)

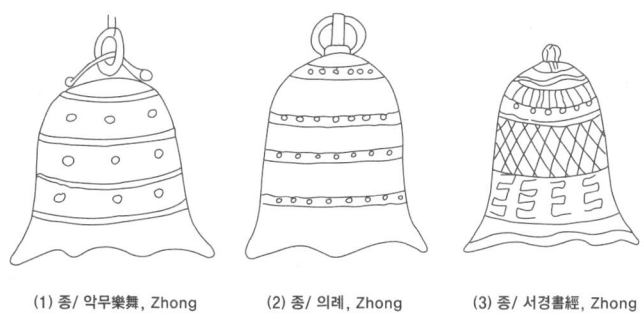

(1) 종/ 악무樂舞, Zhong   (2) 종/ 의례, Zhong   (3) 종/ 서경書經, Zhong

그림 1-5_종구가 물결무늬인 팔능파형을 갖는 전통 중국종

의 외관은 나팔꽃 같은 원추면의 형상이고, 하단은 물결무늬의 팔능八陵 형상이다. 주로 작은 종이었다. 청동기가 발달된 중국의 은나라, 주나라 시대에 이미 훌륭한 '악기의 종', '제기祭器의 종'이 널리 사용되었다. 그 후 종은 집회 시간을 알리거나, 종교의식의 연주, 전쟁과 화재 등 긴급사태를 알리기 위해 사용되며 발전했다.

우리나라에서는 1,600여 년 전 불교가 들어오면서 종이 절에서 집합을 알리는 '시보의 종'으로 사용되었고, 불교 의식에 사용되는 신성한 기물 가운데 하나가 되었다. 절에서 사용하는 종을 범종梵鐘이라고 부른다. 근심, 욕심 등으로 생기는 '108 번뇌'에서 해방시켜주고, 지옥에서 극락세계로 인도하는 중생 제도濟度에 쓰이는 보물로 종소리는 부처에 대한 믿음을 가다듬고, 깨끗한 양심으로 인도하는 역할을 한다. 범종은 법고法鼓, 운판雲版, 목어木魚와 함께 불교 의식에 사용되는 사물四物로 불린다. 그림 1-6과 같이 절의 종각이나 범종루에 설치되어 있다.

그림 1-6_ 선암사 범종루

| 범종 | 목어 |

　　서양종인 교회의 종도 교회의 집합과 예배시간을 알리는 보물이다. 종소리는 하나님을 경배하고, 기도하며 묵상하는 신도와 신이 함께하는데 도움을 주는 역할을 한다. 그림 1-7의 밀레Mille가 그린 「만종晩鐘」은 교회의 종소리를 들으며 하루의 고된 일을 마치고, 감사 기도를 드리는 순간을 그렸다. 평화와 행복의 종소리가 들판에 울려 퍼지는 듯하다.

서양의 종, 특히 교회 종소리는 음악 종의 연주를 통해, 그리고 여러 노래 가사에 인용되며 사랑을 받아왔다. 크리스마스 캐롤의 징글벨Jingle bell 가사는 우리를 추억의 동심에 빠지게 한다.

> 종이 울려서 장단 맞추니 흥겨워서 소리 높여 노래 부르자. 종소리 울려라, 종소리 울려. 우리 썰매 빨리 달려.

20세기 프랑스 최고의 가수 에디트 피아프Edith Piaf가 코러스 그룹 샹송의 벗Les Compagnons de la Chansons과 함께 1940년대에 불러 세계적 애창곡이 된 '세 개의 종Les Trois Cloches'이나 미국의 브라운 남매The Browns가 불러 1959년에 4주 연속 빌보드 차트 1위에 올랐던 세 개의 종(The Three Bells, 일명 Little Jimmy Brown) 노래의 가사도 유명하다.

> 소나무 숲이 있는 어느 깊은 계곡의 작은 마을에서 화창한 아침 어린 지미가 태어났네. 교회 종소리가 계곡의 작은 마을에 울려 퍼졌네.……20년 뒤 지미는 사랑하는 아내를 만났네. 교회의 종들이 울렸고, 그날은 지미 인생에 너무나 기쁜 날이었네. ……어느 비 오는 어두운 잿빛 아침에 그는 하늘나라에 갔네. 외로운 종소리가 계곡 작은 마을에 울려 퍼졌네.

이 가사는 아기가 태어나서 세례 받을 때 첫 번째 교회종이 울리고, 장성해서 행복한 결혼을 할 때 축복하는 두 번째 교회종이 울리고, 슬프고 엄숙한 임종을 맞았을 때 세 번째 교회종이 울려서 인생의 가장 중요한 시점마다 종이 울린다는 내용을 담고 있다. 종소리는 동서양을 막론하고 종교 의식에 꼭 필요한 신비의 소리였다.

그림 1-7_밀레의 「만종」

　우리나라의 노래와 시, 소설에도 종소리가 많이 인용된다. 종소리는 문학과 일상생활에 깊숙이 뿌리내려 있다. 노래 속의 종소리는 현인이 부른 '신라의 달밤'(유호 작사)의 "아 - 신라의 밤이여, 불국사의 종소리 들리어온다. 지나가는 나그네야 걸음을 멈추어라……"에 나오는 신라 고도 경주 불국사의 종소리, 한복남이 부른 '백마강'(손소원 작사)의 "백마강에 고요한 달밤아, 고란사에 종소리가 들리어 오면, 구곡간장 찢어지는 백제 꿈이 그립구나."에 나오는 백제 고도 부여의 절, 고란사의 종소리 등이 있다. 종소리와 인연이 깊은 역사를 실증한다. 종소리는 우리들의 마음을 평화롭고 행복한 곳으로 안내하는 신비의 소리다.

2 동양종과 서양종

대표적인 고대 동양의 종인 중국 고동기종은 1,500여 년 동안 유행을 이어오다가 진시황이 대륙을 통일한 뒤 중앙집권적 통치제도가 자리를 잡아가면서 변하기 시작했다. 통일된 중국 대륙을 통치하고 백성을 통제하는 정책의 일환으로 거종巨鐘을 주성했다. 거종을 타종하여 통금과 해제의 시각을 알리는 소리를 멀리까지 전할 수 있었으며, 동으로 만든 작은 종의 사용은 크게 줄어들었다.[4]

동한東漢시대에 이미 통금시각을 알리기 위해 거종을 울렸다는 기록이 이 주장을 뒷받침한다. 특히 육조시대(六朝時代, 기원전 3~6세기) 후반에 불교가 융성함에 따라 일반적인 제례용 고동기종은 자취를 감추고 절에서 시각을 알리고 예불에 사용하는 범종이 만들어지기 시작했다.

중국의 범종은 상부가 반구형이고, 종 하부 몸체가 원추형이면서 하부에 팔능파八陵波형이 있는 것과, 한나라 시대의 종과 같이 종체 표면에 종횡의 넓은 띠를 갖고 중앙에 당좌가 있으며 종 몸체와 하단이 원통형인 두 종류가 만들어졌다. 그 후 절의 규모가 커지며

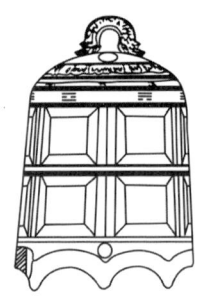  

그림 1-8_우리나라에 있는 중국종
왼쪽_ 전등사 송나라 대종/ 가운데_ 인천시립박물관 송나라 대종/ 오른쪽_ 인천시립박물관 원나라 대종

더 큰 종소리를 낼 수 있는 현재의 범종으로 발전되었다. 그림 1-8은 전등사와 인천시립박물관에 소장되어 있는 송·원나라 때의 중국 종이다.

한편 고대 중국에는 범종 외에도 음악종이 있었다. 고대 중국에서 여러 개의 종을 모아 음계를 구성하여 연주용으로 사용한 편종은 3,000여 년 전의 유물이다. 주나라 시대부터 '용甬종' 몇 개로 구성되어 배치된 일련의 종을 편종이라고 부른다. 3개, 6개, 8개, 12개, 14개, 16개조 등이 있다. 초기에는 3~8개로 된 편종이 후기에는 수십 개로 발전되었다. 기원전 400년 경에 사용된 것으로 추정되는 편종도 발굴되었다.

그림 1-9는 1978년 중국의 호북성湖北省 수주隨州의 교외에서 전국시대의 증曾나라 후작 지위를 지낸 을乙의 무덤인 '증후을묘曾候乙墓'에서 출토된 65개가 1조로 된 편종이다. 지금까지 알려진 편종 중에서 세계 최대 규모다. 각 구성 종들은 종의 측면의 '추음隧音'

그림 1-9_중국 고대 편종 (기원전 433, 후베이성박물관 소장)

과 종의 45° 방향의 '고음鼓音'을 타종함으로써 1개의 종에서 2개의 '음률音律'을 내게 하여 전체로 130개의 음계를 구성했다. 이 편종은 각각 다른 소리를 내기 위하여 첫째, 각 종의 높이를 변화시키는 방법으로 음고音高를 조정했다. 둘째, 각각의 종의 두께를 변화시키는 방법으로 음고를 조정했다. 셋째, 각 종의 화학(재료) 성분을 변화시켰다. 넷째, 내부를 깎아서 종소리를 조율했다.[5] 이 편종은 고대 중국의 연주에서 중요한 역할을 한다. 2,500여 년 전인 전국시대에 130개의 음을 현재와 같은 '음音 주파수 분석기'도 없이 조율했다는 것은 놀랍다. 1988년 11월 '증후을묘 출토 편종'의 출토 10주년을 기념하기 위하여 중국 무한의 후베이성박물관에서 '증후을묘 출토 편종'을 주제로 한 「중국고대 과학문화 국제회의」를 열었다. 이 편종에 대한 고대악기, 음악, 과학기술, 음향학적 학술 연구 발표가 있었다.

우리나라의 편종은 음악과 제기의 종으로 오랜 역사를 갖고 있다. 『한국악기대관』(장사훈 저)에 따르면 고려 때인 1115년(예종 11) 중국 송나라에서 보내준 아악기 중에 16개조의 편종이 있었다. 조선 때에는 1405년(태종 5) 중국에서 들여왔으나 음률이 잘 맞지 않아 1429년(세종 11)부터 편종을 만드는 주종소를 두고 본격적으로 만들었다. 이들 편종은 횡단면이 원형이 아닌 타원형으로 범종처럼 긴 여운이 생기지 않는다. 세종 때는 종 두께를 변화시키는 방법으로 각각 다른 소리를 내도록 했다. 제례용 편종은 종걸이 대에 그림 장식 없이 검소하게 만들었고 국가 경축 연주용 편종은 화려하고 아름다운 장식을 붙여 만들었다. 조선 왕실에서 아악에 사용하던 것으로 세종 때 만든 16개조의 편종이 남아 있다. 이것을 바탕으로 만든 편종이 국립국악원과 서울대학교 등에 있다. 그림 1-10은 서울대학교 소장 편종이다. 이 편종의 '음의 구역'은 '12 율음'과 '4개 청음'을 가진 16개 음의 악기 군이다. 편종은 타종용 4각 망치로 종의 측면에 있는 둥근 모양의 종 '추'를 쳐서 소리를 낸다. 지금은 '아악雅樂', '속악俗樂'을 가리지 않고 바른손으로 연주한다. 그러나 예전에는 '아악'은 기준음인 황종음黃鐘音(C)에서 임종음林鐘音(G)까지 아랫단은 바른손으로 치고, G#에서 d#까지 윗단은 왼손으로 쳤다. '속악'은 연주에 편하도록 두 손을 사용했다. 음악에 쓰이는 종으로서 16개 조로 된 편종을 2단으로 매달았지만, 큰 종 1개는 종

그림 1-10_서울대학교에 소장된 편종

걸이 대에 건다. 이것을 특종特鐘이라고 한다. 이 종 역시 중국 고대 악기의 하나다. 특종은 주로 음악을 시작하는 신호에 쓰였다.

그러나 그림 1-6과 그림 1-8에 보인 우리종과 중국종 같은 전통적인 동양종은 집종이나 편종과 달리 종각의 대들보에 매달린 청동(구리와 주석의 합금) 종을 원형 단면의 긴 당목撞木으로 둔탁하게 타격, 장중한 저음의 종소리를 낸다. 동양종은 항아리나 유리컵을 거꾸로 놓은 것 같은 모양이며 바깥의 곡면과 문양이 나라에 따라 다양하다.

서양종의 기원은 잘 알려져 있지 않으나 오래된 종에는 그림 1-11에 보인 BC 5세기경의 이집트 사이트 부흥기Saitic Period의 이집트 청동종이 있다. 고대 이집트 청동종의 옆 표면에는 신화에 나오

그림 1-11_고대 이집트 청동종

는 신들의 조각 문양이 있다. 이 조각 문양은 음악·무용·출산의 신인 베스Bes의 난쟁이 얼굴, 사자lion의 머리를 한 전쟁의 여신 세크메트Sekhmet, 자칼jackal의 머리와 인간의 몸 형상을 한 죽은 자의 신인 아누비스Anubis, 그리고 송골매falcon의 머리를 한 태양신 호루스Horus 다. 이 종들은 높이가 5cm 정도 되는 종으로 부적, 봉헌물이나 장례 부장품으로 사용된 것 같다.[6]

서양종을 교회의 정밀한 음악종으로 발전시킨 대표 장인은 네덜란드의 주물기술자 헤모니 형제Francois Hemony, Pieter Hemony다. 종소리를 조율하는 기술을 선도하여 교회의 음악종인 '카리용carillon'을 많이 주조했다. 헤모니 형제는 종의 음향학적 특성에 대해서 천문학자이자 수학자인 크리스티안 호이겐스Christian Huygens의 일가인 야콥 반 에익Jacob van Eyck의 연구에서 도움을 받았다. 종소리를 이루는 5개의 음이 1 옥타브, 단 3음, 5음의 음정으로 조율될 때 가장 훌륭한 종소리를 만들 수 있었다.[7] 헤모니 형제가 죽은 뒤 종의 주

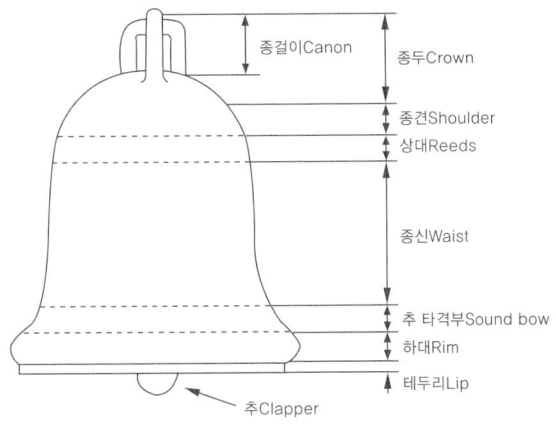

그림 1-12_서양 교회종의 형상과 각 부위의 명칭

조와 조율 기술은 쇠락했고, 19세기에 영국의 캐논 아더 심슨Canon Arthur Simpson이 다시 발전시켰다. 그는 유럽 대륙의 종과 영국의 종을 연구하여 종의 내부가 완전한 대칭성을 이루지 못하고 있어서 불필요한 떨림wobble이 발생하는 것을 알고, 선반 공작기계turning machine tool로 비대칭 부분을 깎아내어 음을 조율하는 방법을 체계적으로 연구했다. 이 방법은 네덜란드에서도 계승, 발전되었다.

종래의 종추인 크래퍼에 로우프를 연결한 키 보오드나 손으로 연주하는 방식의 차임벨chime bell은 16세기 전에 기술자들이 실용화했다. 그 후 17~18세기에는 23개의 종으로 구성된 2개 옥타브의 현대식 카리용이 만들어졌고, 그 뒤 연주할 수 있는 더욱 정교한 음악종으로 발전했다. 대부분의 서양종은 80%의 구리와 20%의 주석의 청동 합금으로 주조했다. 이러한 구성비는 주석이 다소 과다하여 균열이 생길 수 있다. 그림 1-12는 서양종의 형상과 각 부의 명칭을 보여주고 있다. 외형은 나팔꽃의 형상이고, 금속 추가 타격하는 추 타격부sound bow의 두께가 다른 부분보다 두껍다. 타격으로 균열이 생기지 않게 하기 위해서다. 하단이 많이 벌어진 나팔 모양의 종을 흔들면 종안에 매달린 금속 추가 종에 부딪쳐 청아한 고음의 종소리를 낸다. 종의 내부는 여러 음(부분음)을 조율하기 위해 선반 공작 기계를 이용해서 높이에 따라 조금씩 절삭했으나, 종의 외부는 주조 상태를 유지했다.[8]

미국 뉴욕의 리버사이드 교회의 최대 카리용은 74개의 종(6 옥타브)으로 구성되었고, 중량은 18톤에 달한다. 그림 1-13은 전형적인 음악종인 카리용이다. 우리나라에서는 1987년 8월 16일 서울 종로구 연동교회가 창립 90주년 기념으로 벨기에의 전문회사에서 카리용을 구입하여 연주했다.

그림 1-14 왼쪽 미국 필라델피아시의 '자유의 종Liberty Bell'은 1751년 영국 런던의 화이트채플 종 주물공장Whitechapel Bell Foundry에서 제작하여, 1752년 미국 필라델피아시 시의사당(지금의 독립기념관)에 설치했다. 종의 둘레 3.7m, 무게 900kg이 넘는다. 그러나 첫 타종에서 균열이 생겨 미국의 주종장인 존 패스John Pass와 존 스토어John Stow가 1753년에 다시 만들어 1776년 7월에 미국독립선언문을 낭독할 때 타종했다. 그 후 수십 년이 지나면서 종에 작은 균열이 생겼고, 1835년의 행사에서 큰 균열이 다시 생겼다.

다른 유명한 종 중 하나는 모스크바의 차르 대종이다. 그림 1-14

그림 1-13_전통적인 교회종 카리용

오른쪽에 보인 이 대종은 1733년 러시아의 황제 안나 이바노브나 Anna Ivanovna의 명으로 주종장 모토린 부자 Ivan Motorin, Mikhail Motorin 가 중심이 되어 주종 사업에 착수하여 1735년에 완성했다. 중량 201톤, 종 높이 6.14m, 종구 직경 6.6m, 종 두께 0.61m의 거대한 종이다. 1737년 5월 모스크바 화재 때 대종을 둘러싸고 있던 거푸집의 목재 구조에 불이 옮겨 붙었다. 소방관들이 화재 진

그림 1-14_대표적 서양종
왼쪽_필라델피아의 자유의 종/ 오른쪽_모스크바의 차르 대종

33

압을 위해 목재 구조 안에 많은 물을 쏟아 부었는데, 뜨거워진 대종이 빠르게 식으며 균열이 일어났고, 사진에서 보듯 크게 조각이 났다. 떨어져 나간 부분의 무게가 11.5톤이다. 종소리를 한번도 들을 수 없었지만 현재 세계에서 가장 큰 종으로 크레믈린 광장에 있고, 많은 관광객의 사랑을 받고 있다.

3 우리종, 중국종, 일본종

그림 1-15와 같이 동양종을 대표하는 범종에는 우리종(특히 신라종), 중국종, 일본종이 있다. 그 중에서 우리종은 아름다운 곡면의 외형, 문양, 조각과 더불어 종소리가 장엄하고 은은하며 청아해서 세계에서 가장 우수하다는 평가를 받고 있다. 중국종은 유리잔을 거꾸로 한 모양에 역 U자字형의 고리를 갖는 형태로 종의 아래가 서양종처럼 나팔 모양으로 약간 벌어지고 나팔꽃 모양의 물결 무늬를 이루는 형태로 되어 있다. 표면에는 문양이 거의 없이 단순한 구획선의 조합으로 이루어져 있다. 일본종은 반구와 원통이 합쳐져 있는 듯한 규격화된 형상에 단순한 선이 표면에 조각되어 있다.

우리나라에 청동의 기술이 들어온 것은 기원전 10~8세기 경으로 보고 있다. 기원전 3세기 경까지는 사암砂岩으로 만들어진 주형鑄型을 써서 칼과 거울을 만들었다. 5~6세기에 이르는 사이에 우리나라 금속공예는 지난 시대의 여러 기술적 발전을 토대로 높은 수준에 도달했다. 이때 만들어진 금속 장식품, 금관, 귀걸이 등의 세공품의 예술성은 뛰어나다. 이와 같은 금속 세공기술은 6~7세기에 이르러

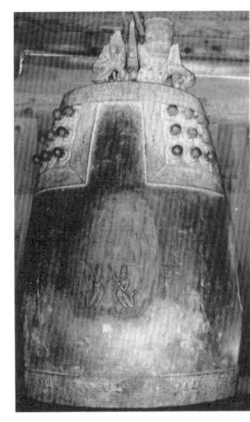  

그림 1-15_동양의 대표적인 종
왼쪽_ 우리나라 종(상원사종)/ 가운데_ 중국종/ 오른쪽_ 일본종

불교문화의 융성과 더불어 금·동 불상의 주조와 가공으로 발전되었다. 범종과 불구佛具, 특히 신라 시대에 상원사종, 성덕대왕신종, 금동반가사유상, 금관, 귀걸이 등의 많은 금속공예 유물이 만들어진 것은 경이로운 일이다. 그 원동력은 다음과 같이 추정된다. 첫째, 신라 초기에는 국력 증강에 힘을 기울였다. 삼국을 통일한 후에는 전통기술과 백제 등이 갖고 있던 기술을 적극적으로 활용했다. 둘째, 당나라와 군사동맹을 맺으며 당시 발달된 새로운 문화와 기술을 도입, 신라의 기술로 승화시켰다. 셋째, 신라는 불교를 국교로 삼고, 불교 교리에 의한 교화에 주력했다. 왕실의 주도 아래 황룡사皇龍寺, 봉덕사奉德寺와 같은 큰 절과 황룡사종, 봉덕사종 등의 대종을 주성하는 불사에 국력을 쏟아 부었다. 문화융성의 기운이 솟아나는 때였다.[9]

우리나라의 가장 오래된 종은 그림 1-15 왼쪽의 상원사종(上院寺

그림 1-16_우리나라의 대표종
왼쪽_ 신라의 성덕대왕신종/ 가운데_ 고려의 내소사종/ 오른쪽_ 조선의 보신각종

鐘, 725년)이다. 682년 무렵 감은사지에서 출토된 종도 있으나 타원형의 동종으로 높이 28cm, 무게 3.9kg 규모로 편종이나 풍탁에 가까워서 전통적인 범종이라고 할 수 없다. 중국종과는 다른 고유의 독창적인 설계의 범종이 신라의 주종장 사□대사仕□大舍에 의해 주성된 것은 스티브 잡스가 기존의 휴대폰과는 다른 인문과 기술이 결합된 스마트 폰을 세상에 내놓은 것과 같다. 종의 형상과 종 걸이에 해당하는 용뉴의 비대칭적 조각물, 종 표면에 조각된 새로운 형태의 다양한 문양과 당좌 등은 신라의 문화와 사상이 담긴, 기존 중국종과는 완전히 다른 새로운 디자인이었고, 고려, 조선, 오늘의 종 설계에까지 영향을 미쳤다.

4 우리종의 종류

우리나라의 종은 국내외의 종과 파손된 종을 합쳐서 1994년 당시 기준으로 신라시대 12, 고려시대 160, 조선시대 142, 기타 종 17 등 330여 구가 알려져 있다. 1960년 이후에 만든 종만 3,000구가 넘는다. 그림 1-16은 대표 신라종, 고려종, 조선종이다.

그림 1-17은 대표적인 신라의 종으로 725년(성덕왕 24)의 상원사 종, 771년(혜공왕 7)의 성덕대왕신종聖德大王神鐘, 904년(효공왕 8)의 송

그림 1-17_신라의 종
왼쪽_ 725년(성덕왕 24)의 상원사종/ 가운데_ 771년(혜공왕 7)의 성덕대왕신종/ 오른쪽_ 904년(효공왕 8)의 송산촌 대사종

그림 1-18_고려의 종
왼쪽_ 1010년(현종 1년)의 천흥사종/ 가운데_ 1011년(현종 2)의 천륜사종/ 오른쪽_ 1222년(고려 고종 9)의 내소사종

산촌대사종松山村大寺鐘이다. 신라종은 종 정상부에 음통音筒이 있는 것과 단룡單龍으로 된 종 걸이인 용뉴가 있는 것과 상대上帶, 유곽乳廓, 당좌撞座, 비천상飛天像, 하대下帶, 명동鳴洞 등 중국종이나 일본종에 없는 독특한 아름다운 문양과 구성요소가 있다.

그림 1-18은 대표적인 고려의 종으로 1010년(현종 1년)의 천흥사종天興寺鐘, 1011년(현종 2)의 천륜사종天倫寺鐘(일본 시마네현[島根縣] 마쓰에시[松江市 國屋町]에 있다), 1222년(고종 9)의 내소사종來蘇寺鐘이다. 고려종은 전기에는 신라종의 용뉴, 유곽 등의 구성요소와 비율을 답습했으나 점차 규모가 작아지고 넓은 종구鐘口를 갖는 형태로 변했다. 후기로 가면서 종의 견대에 화려한 연꽃대좌를 형상화한 입상대 장식을 갖고 있다.

그림 1-19는 대표적인 조선의 종으로 1458년(세조 13)의 보신각종普信閣鐘, 1584년(인조 22)의 갑사종甲寺鐘, 1773년(영조 49)의 신륵사종

그림 1-19_조선의 종
왼쪽_ 1468년(세조 14)의 보신각종/ 가운데_ 1584년(선조 17)의 갑사종/ 오른쪽_ 1773년(영조 49)의 신륵사종

神勒寺鐘이다. 배불숭유의 영향을 받은 조선종은 대부분이 우리종의 전형을 보이고 있는 신라나 고려의 전형적인 범종을 따르지 않고 외형이 직사각형에 가깝고 태조선대太條線帶가 있는 중국종 양식을 따르고 있다. 종의 윗부분에도 쌍용두의 용뉴가 있고, 일반적으로 음통과 당좌가 없다.

2
우리종만의 구성 요소

1 우리종의 모양

우리종은 종체의 곡선미와 조각 문양 등의 조형과 장중하고 살아 숨쉬는 듯한 음향이 조화를 이루고 있다. 특히 신라종은 다른 종이 따라올 수 없을 정도로 과학기술과 예술성이 두루 탁월하다.

서양종은 몸체를 기울여 흔들어 그 안에 매단 금속 뭉치와 부딪쳐서 맑고 높은 소리를 낸다. 신라종을 비롯한 동양종은 종각에 용뉴를 통해 매달려 있다. 용뉴는 용두와 음통으로 구성되며, 종각에 고정된 핀이 이 부분을 관통하여 종을 걸게 된다. 그림 2-1은 대표적인 우리종의 구성 요소를 보여준다. 종각에 독립적으로 매달려 있는 큰 통나무 형태의 당목을 흔들어서 때리면 장중하고 아름다운 첫 소리에 이어서 은은한 맥놀이가 지속적으로 반복되며 여운을 남긴다. 우리종에는 종체 바로 아래에 다른 나라 종에서는 볼 수 없는 항아리 형태의 울림통인 명동이 있다. 명동은 종의 몸체에서 나오는 소리를 공명시켜 소리를 크게 만든다.

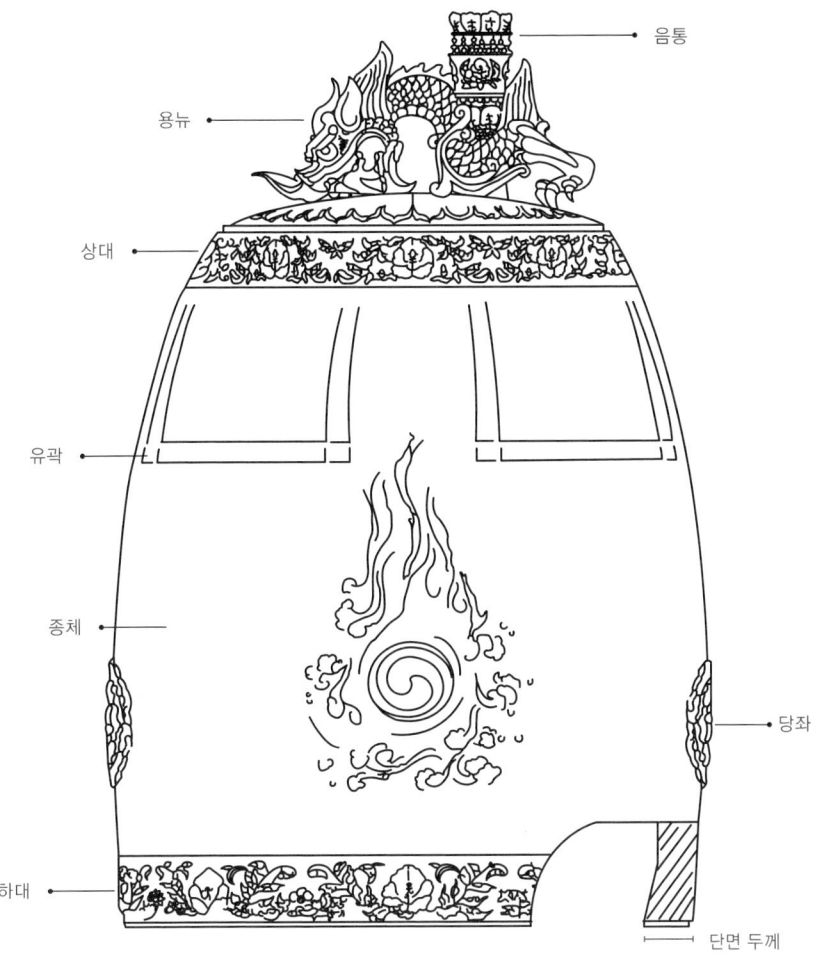

그림 2-1_우리종의 단면도와 조각 문양[1]
전통적인 종에는 유곽 안에 유두가 있으나 이 도면에는 유두가 생략되었다.
보신각 새종에도 유두가 없다.

2 우리종 각 부분의 특징

신라종을 비롯한 전통적인 우리종에는 아름다운 곡선미를 갖는 종체 표면에 예술성이 뛰어난 문양과 조형물이 새겨져 있다. 종을 타격하는 부위에는 원형의 연꽃 문양의 당좌撞座가 전후 대칭으로 조각되어 있다. 당좌 옆에는 하늘로 날아오르는 선녀와 같은 아름다운 비천상이 조각되어 있다. 종의 하단부를 두르는 띠 모양의 하대下帶에도 섬세한 문양을 조각했다. 상원사종을 비롯한 다른 신라종과 달리, 성덕대왕신종은 종 하단의 하대가 중국종에서 볼 수 있는 8개의 능 모양이어서 특유의 대륙적인 기풍도 보여준다. 상원사종과 성덕대왕신종 등의 조각과 문양은 신라종만의 독창적인 디자인이며 주종기술도 탁월하다. 문양은 요철의 높고 낮음이 크지 않으며, 아름다운 문양과 조각을 예술적으로 표현했고, 종소리의 왜곡에 미치는 영향을 최소화했다.[2]

종체

우리종의 으뜸에 있는 신라종은 종체의 전체적인 곡선이 위가 좁고 아래로 내려오며 점진적으로 밖으로 벌어진다. 배 부분이나 당좌 부근에서 불룩해져 곡률이 최대가 되고, 아래로 내려오며 다시 안으로 오므라지는 마치 항아리와 같은 독특한 모양이다. 성덕대왕신종(국보 제29호)은 무게가 18.9톤, 전체 높이 366cm, 구경 222.7cm의 세계에서 가장 아름다운 대종이다. 두께는 위에서 아래로 내려오면서 점진적으로 늘어나고 하대에서 두께가 안쪽으로 크게 증가한다. 종체의 곡선미가 뛰어나며 조각과 문양이 아름답다. 과학적인 종체 형상과 두께 분포를 갖고 있어 웅장하면서도 조화로운 종소리를 낸다.

용뉴와 음통

그림 2-2와 같이 종을 종각에 달기 위한 상부의 구조 요소를 '종뉴鐘鈕'라고 한다. 용 모양의 종뉴를 '용뉴龍鈕'라고 한다. 서양종의 종뉴보다 동양종의 용뉴가 화려하다. 기원전 7세기부터 야수, 새와 용 모양의 종뉴와 용뉴가 본격적으로 사용되기 시작했다. 용뉴를 사용한 기원은 알 수 없

그림 2-2_신라종의 용뉴
위_상원사종/ 가운데_성덕대왕신종/ 아래_청주박물관 신라종

으나 신라종을 비롯한 우리종은 용뉴의 용 허리로 종의 무게를 지지하게 했다. 중국종과 일본종의 용뉴는 다 같이 쌍용이다. 신라종의 특징은 용의 몸체가 온전한 단용單龍이다. 상원사종과 성덕대왕신종의 용뉴는 힘차고 기백 있는 모양과 크기가 종과 전체적으로 잘 어울린다. 또 용과 일체가 된 피리 모양의 음통音筒-일명 음관音管-이 있다. 큰 피리 모양의 원통형 음통은 용뉴의 허리와 다리 부분의 중간 부위와 일체가 되어 천판에 설치되어 있다. 이 음통은 속이 비어 종 내부의 소리가 음통을 통해 밖으로 전달될 수 있도록 디자인된, 신라종에만 있는 독특한 조형물이다. 한편 신라종인 청주 운천동 출토 동종(보물 제1167호 : 아래부터는 청주박물관 신라종으로 통일한다.)의 용뉴에도 음통이 있으나 상당 부분이 파손되어 있다. 신라인들이 종 상부의 용뉴에 특이한 신비의 음통을 만든 것은 오랜 기간 수수께끼였다. 음통이 단순한 장식인지, 중요한 상징적 의미나 과학적 기능을 갖고 있는지에 대해 많은 연구가 이루어졌다. 대표적인 것이 황수영의 '만파식적萬波息笛 설'이다. 이 음통이 신라의 평화를 상징하는 신라 제1의 국보이고 신기神器인 만파식적이라는 것이다.[3] 만파식적은 본래 대나무로 만든 피리다. 이 피리에 장식화된 문양을 만들어 종 상부에 설치한 것이다. 이 학설은 이기동의 「성덕대왕신종 조성의 역사적 배경에 대한 논고」와도 일치한다.[4] 이 논고에 의하면 사람들은 동서양을 막론하고 음향에 신비성을 부여해 왔다. '아르고나우타이Argŏnáutæ의 원정 전설'에 나오는 트리키아의 악사 오르페우스Orpheus는 짐승과 새, 나무까지도 매혹시켰다는 하프Harp의 명수였다. 이 전설은 음악이 우주를 통합한다는 고대 그리스인의 관념을 엿보게 한다. 삼국시대에 받아들인 불교에서도 종소리는 중생이 번뇌와 악에서 벗어나게 한다고 설교했다. 유교의 예악禮樂 사상에서 음악을 통해 인간이 신과 하나가 된다고 가르친 것도 음악의 신비성과 연관이 있다. 삼국통일 직후 신라의

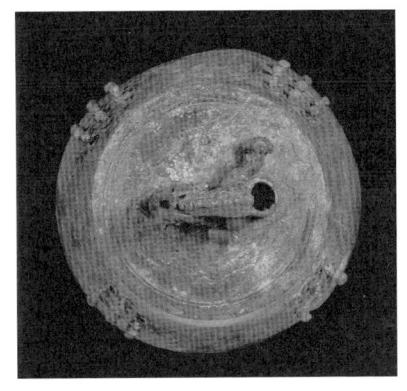

그림 2-3_위에서 본 청주박물관 신라종(청주 운천동 출토 동종)의 천판

신문왕神文王이 "성왕聖王은 소리로서 천하를 다스린다."는 용의 계시에 따라 감은사感恩寺 앞바다 부산도浮山島의 대나무로 피리를 만들어 월성의 천존고天尊庫에 보관한 것도 이러한 사상에 연유한 것이다.[5] 『삼국사기』(제2권)에 다음과 같은 전설이 실려 있다.

> 이 피리는 예사 물건이 아니었다. 피리를 불면 적병은 물러가고, 질병은 낫고, 가뭄에 비가 오고, 오던 비는 개고, 풍랑은 가라앉고, 물결은 잔잔해져 피리 이름을 만파식적이라고 했다.[6]

음통의 과학적 기능에 대해서는 뒤에서 상세히 설명한다.

천판, 상대와 하대

그림 2-3의 천판은 종체의 상부를 구성하는 천정 부분으로 종체의 무게를 지탱한다. 그 위에 용뉴가 있다. 종신鐘身 옆면 최상부의 띠 모양 부분의 상대와 최하부의 띠 모양 부분인 하대에는 당초와 꽃 문양, 작은 형상의 비천상이 조각되어 있다. 상원사종의 천판에

그림 2-4_신라종의 상대와 하대

상원사종 하대	성덕대왕신종 하대
청주박물관 신라종 하대	
상원사종 상대와 하대 탁본	

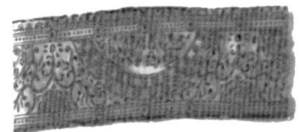

는 명문銘文이 있다. 상대와 하대에는 반원半圓의 윤곽선을 갖는 2중 꽃무늬도 있다. 그림 2-4는 신라종의 상대와 하대다. 성덕대왕신종의 하대는 특이하게 종의 하단이 8개소에서 아래쪽으로 다소 튀어나온 팔능형이고, 능부가 있는 하대 8개소의 중앙에는 연꽃 문양이 각각 1개씩 배치되어 있다. 청주박물관 신라종의 상대와 하대의 문양은 잘 보이지 않는다.[7]

유곽과 유두

상대 바로 아래에 있는 유곽乳廓은 용두를 기준으로 천판 중심에

그림 2-5_유곽과 유두

상원사종 | 청주박물관
성덕대왕신종 | 신라종

서 좌우 45°와 135° 방향에 배치되어 있다.(그림 2-5) 상원사종과 성덕대왕신종의 유곽의 형식은 같다. 각 유곽대의 내 외측 경계에는 구슬이 연이어 조각된 띠 모양의 연주문대가 배치되어 있다. 테두리는 상대와 하대와 같은 꽃문양이 장식되어 있다. 내부에는 종/횡으로 3열 배치된 9개의 유두乳頭가 있다. 상원사종과 청주박물관 신라종에는 융기형 유두가 있다. 성덕대왕신종과 운수사종雲樹寺鐘 등은 연꽃 문양과 연꽃 씨가 조각된 편평한 유두다.[8]

비천상

신라종의 비천상 문양은 상원사종 같이 비천상이 한 쌍으로 두 곳에 배치된 2구俱 병좌竝坐 2조組이거나, 성덕대왕신종 같이 비천상이 서로 종 표면 반대쪽에 각각 배치된 2구 대좌對坐 2조 비천상으로 구분할 수 있다. 당좌의 좌측과 우측에 배치되어 있으나 9세기 전반기부터 둘이던 비천이 하나씩 종체에 장식되는 형식으로 바뀌었다. 상원사종과 성덕대왕신종의 비천상은 신라의 미학과 청동문화를 대표하는 걸작이다. 그림 2-6에서처럼 상원사종의 비천상은 2

그림 2-6_비천상 문양
왼쪽_ 상원사종/ 가운데_성덕대왕신종/ 오른쪽_ 청주박물관 신라종

인조의 쌍주악 비천상이 구름을 타고 천의天衣를 휘날리며 악기를 연주하는 모습이다. 왼쪽은 공후(箜篌 : 하프와 비슷한 동양의 옛 현악기), 오른쪽은 생(笙 : 휘어진 피리 모양)의 악기를 갖고, 종소리와 함께 음악의 향연을 베풀고 있는 평화로운 분위기를 연출하고 있다.[9] 2구 대좌 2조의 성덕대왕신종의 비천상은 각 유곽의 하부 종복에 4개가 조각되어 있다. 향로를 받들고 내려오는 천인을 묘사한 섬세하고 미려하게 조각된 비천상이 전체적으로 조화와 균형을 이루고 있다. 비천상은 구름위의 연꽃형 받침대인 연화좌에 무릎을 세우고, 불교에서 이상화한 꽃인 보상화를 구름과 같이 피어오르게 하고 하늘위에서 바람에 옷자락을 휘날리며 공양하는 보살로 묘사되어 있다. 청주박물관 신라종에는 2구의 비천상이 조각되어 있다. 1구는 주악상, 1구는 합장상으로 모두 무릎을 꿇고 있다. 당시의 예술 수준과

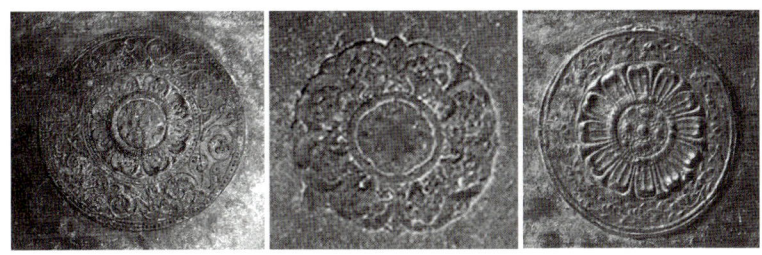

그림 2-7_당좌
왼쪽_ 상원사종/ 가운데_ 성덕대왕신종/ 오른쪽_ 청주박물관 신라종

탁월한 정밀 주조 기술을 짐작할 수 있다.

당좌

당좌撞座는 종을 타격하는 부위로서 종을 설계할 때 미리 정해서 주조한다. 그림 2-7의 당좌는 신라종의 고유한 위치로 용두의 머리와 꼬리 방향인 종의 앞뒤에 각각 1개씩 두 곳에 배치되어 있다. 당좌 문양은 성덕대왕신종처럼 활짝 핀 연꽃으로만 이루어진 것과 상원사종과 청주박물관 신라종처럼 활짝 핀 연꽃을 중앙에 두고 바깥 주변을 당초문양으로 장식한 두 형태로 나눌 수 있다.[10] 성덕대왕신종의 당좌는 8개의 잎으로 된 보상화문을 이중으로 겹친 연꽃문양이다. 당좌 중앙부에는 8개의 씨방이 배치되어 있다. 중국종이나 일부 조선종은 별도 당좌가 주조되지 않고, 하대 부분을 친다.

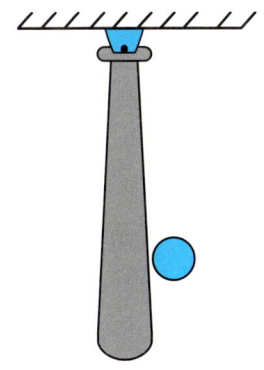

그림 2-8_야구 방망이와 스위트 스팟

종을 치는 위치에 따라 음색이 다르다. 종의 상부를 타종하면 고음의 약한 소리가 나며, 하부의 하대를 타종하면 장중하면서 큰 소리가 난다. 그런데 강타하면 피로로 파손되기 쉽고 수명이 짧아진다. 당좌의 높이를 적절히 하면 타종 때 종걸이에 최소의 힘이 작용하여 경쾌하게 타종할 수 있다. 그 결과 종의 수명이 길어지며 종걸이 부위의 마찰도 최소가 되어 잡음을 없애며 종소리의 여음도 길어진다. 이것은 그림 2-8의 야구 방망이가 스위트 스팟에서 볼을 타격하면 손잡이에 최소의 힘이 걸리고 홈런과 같은 장타를 칠 수 있다는 이론과 같다.[11]

명문

명문銘文은 종 표면이나 천판에, 또는 희귀하지만 종 내부에 글자를 양각했다. "몇 년 며칠에 어느 분의 주문으로, 시주로 재료 얼마를 넣어 주성했고, 주종 관계자의 성명은 누구이며, 취지는 이러하다." 등의 내용이 새겨졌다. 상원사종의 명문은 천판에 있고, 성덕대왕신종의 명문은 유곽 아래의 표면에, 선림원종은 내부 표면에 양각되어 있다. 상원사종의 명문에는 725년(신라 성덕왕 24) 당나라 개원(開元 : 현종의 연호) 13년 3월에 종이 완성되고 종의 중량은 3,300연鋌이라는 사실과 주종감독자와 시주자의 이름이 새겨져 있다. 그림 2-9의 성덕대왕신종의 명문은 종복鍾腹의 좌측과 우측에 서序와 사詞의 두 부분에 내용이 새겨져 있다.

> 성덕왕은 권위와 덕망이 높고, 백성을 본업에 힘쓰도록 하며 40여 년의 선정과 문화융성을 한 성군으로 명성이 빛났다. 경덕왕이 동 12만 근을 희사

그림 2-9_성덕대왕신종의 명문

했고, 혜공왕이 선왕의 뜻을 받들어 만들었다. 주종대박사鑄鍾大博士 대나마 박종익大奈麻 朴從鎰, 차박사次博士 나마 박빈나奈麻 朴賓奈, 나마 박한미奈麻 朴韓味, 대사 박부악大舍 朴負岳 4명의 주종대박사를 포함한 12명의 주종 장인이 만들었다.[12]

당목, 걸쇠와 침봉

종의 요소로 종을 치는 당목과 종을 지지하는 걸쇠와 이 부분과 연결되는 원통형 침봉을 빼놓을 수 없다.(그림 2-10 참조) 당목은 보통 대추나무 등으로 만든다. 성덕대왕신종의 경우 지금은 소나무로 만들었고 크기는 145cm, 최대 직경 30cm, 무게 66kg이다.[13] 『조선고적도보』에 실린 사진으로 보아 두번째 이전 때의 당목이다. 종각과 동일한 시대에 만든 것이거나, 첫번째 이전 당시의 것일 수도 있

그림 2-10_선림원종의 종 걸쇠鐵索

다.[14] 『조선고적도보』의 사진에는 당좌를 타종하지 않고 당좌 아래 하대의 작은 연꽃잎 문양 부위인 연판을 타종하게 잘못 설치되어 있다. 실제로 종의 하대 연판이 마모된 흔적이 남아 있다. 이것은 조선종은 중국종을 모방해서 당좌가 하대나 그 부근에 조각되어 있기에 성덕대왕신종의 타종도 조선시대에는 본래의 당좌가 아닌 하대에서 행한 것으로 판단된다.

당목의 크기(무게), 재질과 타격력은 소리에 큰 영향을 미친다. 당목의 재질이 너무 무르면 타격 접촉 시간이 길어져 저음의 둔탁한 소리가 나고 너무 딱딱하면 타격 접촉 시간이 짧아져 고음성의 격음이 나 장중함이 떨어진다. 최근에는 호두나무, 육송 소나무, 유카리투스, 플라타너스 등을 사용하고 있다.

성덕대왕신종의 걸쇠는 2개가 한 조로 구성되어 있고 둥근 구멍을 내어 원통형 핀을 끼워 고정했다. 걸쇠는 길이 59cm, 최대너비 16cm, 상하에 9~10cm 크기의 둥근 구멍을 내어 침봉을 끼울 수 있도록 했다. 침봉의 길이는 46.9cm다. 작은 홍두깨 모양으로 중간이 굵고(지름 7.7cm), 양쪽이 조금 가늘다(지름 6.5cm). 원통형 침봉은 얇은 종이 두께의 철판을 두드려 편 다음, 말아가며 단조하여 만들었다.[15] 이 핀은 종의 무게와 반복되는 타격력을 충분히 지탱할 수 있도록 제작되었으므로, 신라 장인들이 정하중과 동하중의 원리를 어렴풋이 알았다는 추리가 가능하다.

원래의 성덕대왕신종의 침봉을 근년에 새로 만들려고 했다. 그러나 새 침봉이 종의 무게는 견디었지만, 타격할 때의 동하중과 태풍으로 종이 흔들릴 때의 하중을 견딜 정도가 되지 않아 실패했다.[16] 태풍이나 큰 타격력으로 종이 흔들리면 정적인 하중보다 훨씬 큰 동적인 힘이 침봉에 걸리기 때문이다. 예를 들면 공을 줄에 매달아 90° 각도로 올렸다가 떨어뜨려 원래의 아래 위치에 왔을 때 줄에 걸리는 장력은 공 무게의 3배로 커진다. 같은 원리로 타종이나 태풍에 의해 종이 크게 흔들리면 종걸이에는 종 무게보다 큰 힘이 걸리게 된다. 그 옛날 이러한 동하중에 충분히 견디는 철제 종걸이가 제작되었다는 것은 신라인의 철 제조와 단조鍛造 기술이 매우 뛰어났음을 의미한다.

명동

명동鳴洞은 종소리가 크게 나도록 종의 아래 바닥을 파서 만든 항아리 모양의 빈 공간

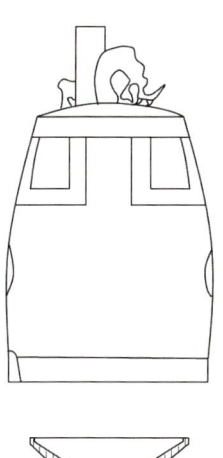
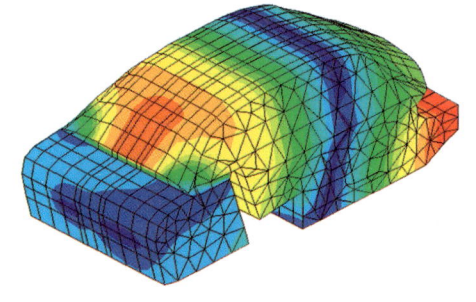

그림 2-11_선림원종의 명동(철제 항아리)과 자동차 실내 음향계

이다. 그림 2-11의 선림원종 명동은 유일하게 남아 있는 신라종의 명동 자료다.[17]

명동은 바이올린이나 통기타의 울림 통이 현의 진동음을 공명시켜 소리를 더욱 크고 풍부하게 만드는 것과 같은 효과를 낸다. 타종에 의해 종체와 내부의 공기가 진동하면, 종체와 내부 공동cavity은 연성된 진동-음향계를 이룬다. 음향이론에 따르면 종체의 고유주파수와 내부 공간의 공명주파수가 일치하면 종소리가 크게 울려 퍼져 오래 지속되고 멀리서도 들을 수 있다. 성덕대왕신종을 포함한 대부분의 우리종에서 내부 공간만으로는 종체의 고유주파수에 일치하는 공명주파수를 만들지 못한다.[18] 종 설치 뒤 바닥에 적당한 크기의 구덩이를 파서 공간 크기를 조정하여 공명주파수를 맞추는 방법을 썼을 것으로 추정된다.

오늘날 명동의 원리는 그림 2-11과 같이 자동차의 밀폐된 차실 내부의 소음을 줄이는 데에도 적용된다.[19,20] 신라종의 명동은 종소리를 더 크게 울리도록 만들었던 반면, 자동차의 차실은 음향(소음)이 더 작아지도록 설계하고 있다. 신라인들은 명동을 경험이나 창의적 사고로 고안함으로써 첨단 공학 이론의 결과에 버금가는 최적의 공간을 만들어냈다.

3
디자인의 예술성

전통 우리종의 구조는 그림 3-1에서 볼 수 있듯이 종의 중심축에 대한 축대칭형에 가깝다. 하대 부분을 두껍게 하여 고유주파수를 높였고, 타격에 대한 내구성을 높이도록 설계되어 있다. 큰 종에서 1차 고유주파수가 60Hz 아래로 내려가면 장중한 느낌은 주지만 청감이 떨어진다. 두꺼운 하대는 고유주파수 값을 올려 가장 낮은 여음의 청감을 높여 오래 들리게 하고, 이 부분의 응력을 감소시켜 종 하단부의 균열을 방지하는 역할을 한다.[1]

신라종은 외형 곡선과 두께 등의 치수가 음향 특성과 조화를 이루며 조형미의 극치를 보여준다. 종의 구경, 높이와 두께 분포, 곡률 등은 종소리를 지배하는 고유주파수에 큰 영향을 미친다.[2] 중국 명나라 시대(1368~1662년)에 펴낸 『천공개물天工開物』에서는 종신고鐘身高 1장 1척 5촌(341.6cm), 종구경 8척(237.6cm), 용뉴고 2척 7촌(80.2cm)으로 표준화했다.[3] 세로/가로의 형상 비로 종신고/종구경 비를 사용했다. 표준화된 종의 형상비는 종신고/종구경 비로 1.438인데, 이는 그림 3-2의 석굴암과 3-3의 신라석탑 등 건축 조형물에서 널리 사용한 세로/가로 비 $\sqrt{2}(=1.414)$에 가깝다.[4] 그림 3-2의 석굴암의 기단의 폭과 불상의 높이 비는 $2:\sqrt{2}=\sqrt{2}:1$이다.

표 3-1은 전통 우리종의 주요 치수와 세로/가로 비를 비교한다.

상원사종의 조형미를 살펴보면 형상 비인 종신고/종구경 비율은 1.335/903=1.47이다. 성덕대왕신종의 종신고/종구경 비는 1.36이다. 이 값은 상원사종의 1.47보다는 작으나 두 값 모두 『천공개물』의 표준치와 거의 같다. 청주박물관 신라종의 종신고/종구경 비는

1.34이고, 804년(신라 애장왕 5)에 만든 선림원종에서는 1.41이다.

네 종의 평균 형상 비는 종전고/종구경=1.73, 종신고/종구경=1.40이다. 세로/가로 형상 비 1.40은 건축 조형물에서 예술적 치수로 사용되는 √2=1.414에 매우 근접한다. 또 종 위의 용두와 음통까지 포함한 종 전체의 세로/가로 비 1.73은 미학적으로 아름답고 안정되게 보이는 황금 분할비(피보나치, Fibonacci sequence)인 1:1.618에 근접한 값이다. 그리스 아테네의 파르테논 신전 건축물, 교회 십자가, 책, 컴퓨터 디스플레이 화면 등은 가로, 세로비로 황금 분할비를 사용하고 있다.

그림 3-1_우리종의 주요 부분

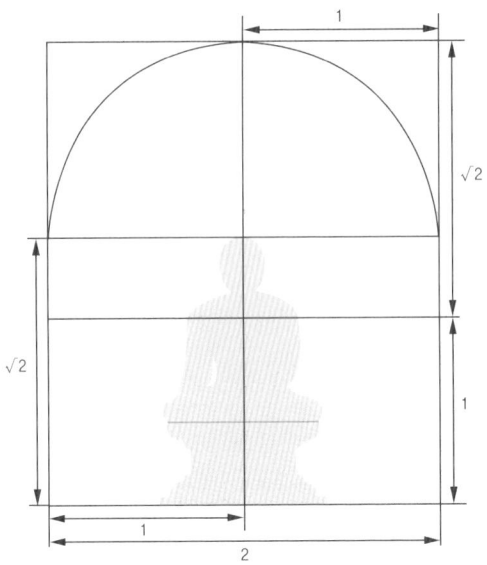

그림 3-2_석굴암에 사용된 √2=1.414 비율

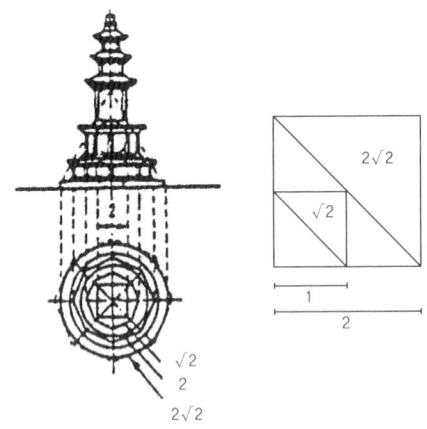

그림 3-3_신라 석탑에 사용된 √2=1.414 비율

표 3-1 우리종의 크기(단위 : mm)

측정부분	성덕대왕신종	상원사종	청주박물관종	선림원종	평균
종전고 (H_t)	3,663	1670	780	1220	
종신고 (H_b)	2,978	1335	640	960	
종구경 (D_o)	2,233	903	470	680	
종전고/종구경 비	1.64	1.85	1.64	1.79	1.73
종신고/종구경 비	1.36	1.47	1.34	1.41	1.40

 고려시대에 들어 1058년(문종 13)의 청녕4년명종淸寧四年銘鐘은 종신고/종구경 비比가 1.18, 1222년(고종 10)의 내소사종에서는 1.23으로 변하며 신라종보다 납작한 형태가 되었다. 조선시대에 와서는 갑사동종의 종신고/종구경의 비가 1.14, 신륵사종에서는 1.08로 변하면서 신라종의 비 $\sqrt{2}:1$ 에서 조선종에서는 1.2:1 내외의 납작한 모양으로 미적 감각이 퇴보했다. 당좌도 대부분 종의 하대 부근에 위치해서 조형미가 떨어지고 수명도 짧아지는 등 신라종의 예술적, 공학적 탁월성이 다소 상실되었다.

4
주조의 과학성

1 범종의 재질

신라시대에 주조한 범종의 화학적 조성은 표 4-1과 같다. 신라 종은 주요 성분인 동 80%~85%, 주석 12%~15% 정도 함유된 주석 청동으로 주조되었다.[1] 성덕대왕신종, 상원사종, 선림원종, 실상사 종 등의 성분 분석치의 평균은 동 80.4%에 주석 14.2%의 합금비를 보인다. 이는 우리나라 청동기시대 무기류인 동검의 분석치 동 79.2%, 주석 13.4%에 가깝다.[2] 신라종과 동검이 동과 주석의 조성비가 유사한 것은 단단하면서도 타격에 잘 깨져서는 안 되는 칼과

표 4-1 우리종의 화학적 조성

종이름		화학 성분(%)						
		Cu	Sn	Pb	Zn	S	Fe	Ni
상원사종		83.87	13.26	2.12	0.32	-	-	-
선림사종		80.2	12.2	-	2.2	0.14	-	-
실상사종		75.7	18	0.31	-	-	-	-
성덕대왕신종	상부	84.39	11.21	0.23	0.009	0.22	0.64	0.07
	중부	78.56	15.51	0.45	0.009	0.22	0.3	0.07
	하부	83.13	12.98	0.14	0.016	0.22	0.61	0.08

종의 특성을 고려한 결과로 보인다. 동검과 같은 청동무기를 만들었던 전통이 신라종으로 이어져 좋은 종이 만들어진 것이다. 청동의 경도硬度는 주석의 비율 15%까지는 완만하게 증가하다가 그 이상에서는 급격하게 증가한다. 인장강도는 주석비 17~20%에서 최대가 되고 그 이상에서는 급격히 감소한다. 연신율延伸率이 크면 잘 깨지지 않는다. 청동의 연신율은 주석의 비율이 3~4%까지는 증가하다가 그 이상에서는 감소한다. 25% 이상에서는 연신율이 크게 감소하여 부스러지기 쉽다.[3] 에밀레종의 설화에서 종을 주성할 때 어린 아기를 인주로 바친 것은 종 주성의 어려움을 설화로 표현한 것이지 종의 화학 성분에 영향을 주었다고는 볼 수 없다. 중국에서는 주조할 때 말과 같은 동물, 생나무 같은 유기물을 넣었다는 설이 있다. 이는 주조 쇳물의 유동성과 탈산에 영향을 줄 수 있다.

2 우리종의 주조 공정

우리종 특히 신라종의 주조에 대한 나형용 등의 연구 내용을 종합하면 다음과 같다.[4,5,6,7,8]

성덕대왕신종과 같은 대종을 주조할 때 용광로의 수십 톤 쇳물을 2~3톤씩 도가니에 나누어 담아 크레인 등으로 단시간에 옮겨서 신속하게 거푸집[鑄型]에 부어야 한다. 현대 기술로도 매우 어려운 일이다. 신라종의 주성鑄成 공장工匠들은 종 설계, 문양설계, 거푸집 제작, 동 합금 성분 배합과 용해 주조를 분담했다. 대종에는 많은 용해된 쇳물이 필요하다. 소형 도가니에서 구리와 주석 등을 용해하고, 쇳물 통로를 만들어 거푸집에 동시에 주입하는 방식을 썼을 것이다. 신라의 장인들은 고대 중국에서 사용된 주종기술을 전수받아 한 단계 더 발전시켜 활용했다. 현대에도 대형 종을 주조할 때 종장들은 종의 구경과 높이 등의 설계치로부터 경험을 토대로 용해할 동과 주석 등의 양을 결정한다. 가끔 용해된 쇳물이 모자라 실패하는 경우도 있다. 저자들은 현대 종 주조에 참여할 때 컴퓨터에 저장된 종 설계 도면에서 총 중량을 정확하게 계산하여 용해할 동과 주석의 양을 정했다. 신라의 장인들은 종을 만들 때 시행오차의 경험을 통하여 용해할 동과 주석의 양을 정했을 것이다.

성덕대왕신종에는 동 12만 근이 사용되었다. 소

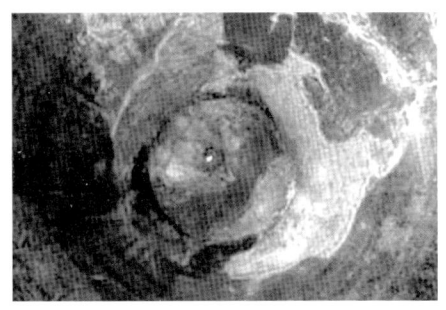

그림 4-1_성덕대왕신종의 천정 부위의 주물사 떡(편석)

근(대근의 3분의 1)으로 계산하면 24톤이다.[9] 주종 과정에서 쇳물의 산화, 슬랙 발생, 아궁이 손실 등 20~25%의 쇳물 손실을 고려하면 실제 종체에는 20톤 내외의 쇳물이 사용되었을 것이다. 1997년 성덕대왕신종의 무게를 정밀 측정한 결과 18.9톤으로 확인되었다. 흙으로 만든 용해로에 백탄(박달나무나 참나무 숯과 같이 단단한 숯) 등을 사용하고 풍구 등으로 공기를 공급하여 고온 연소시켜 쇳물을 녹였다. 용해 온도는 섭씨 1,200~1,250°이고, 거푸집 주입 온도는 섭씨 1,000~1,150°다. 거푸집에는 공기 뽑기 구멍, 덧쇳물 부riser와 4~6개의 쇳물 주입구가 있었던 것으로 추정된다.[10] 천판과 용뉴에 기포가 있는 주조 상태가 관찰되었고 그림 4-1과 같이 종 내부 천정에 주물사 떡(편석)이 있음을 확인했다. 이 편석이 종의 비대칭에 관여하여 현재의 맥놀이 특성에도 영향을 미쳤을 가능성도 있다.

성덕대왕신종의 유곽 바로 하부와 비천상 사이에는 주조할 때 형성된 이음매와 같은 선이 있다. 이 선은 하부 거푸집과 상부 거푸집의 경계선으로 거푸집이 상하 이단 분할형으로 조립된 것을 의미한다. 또 종체 상부의 용두, 음통과 천판을 만들기 위한 최상부 거푸집이 있었다. 따라서 전체 거푸집은 총 3단 분할형의 외형과 코어라고 불리는 1개의 내형으로 구성하여 조립된 것으로 추정된다.[11] 3단 조립 거푸집으로 만든 신라종은 이 밖에도 청주박물관신라종, 연지사종, 광명사종 등이 있다.

이 조립 거푸집은 2단 통틀로 이루어진 상원사종, 운수사종, 송산촌대사종 등의 거푸집과 대비된다. 주물사 파편의 현미경 사진과 종 표면의 주물사 팽창 결함에 비추어 볼 때 이 종들은 통기성이 우수하고 도형이 잘 건조된 석회삼화토의 건조사형으로 주조된 것으로

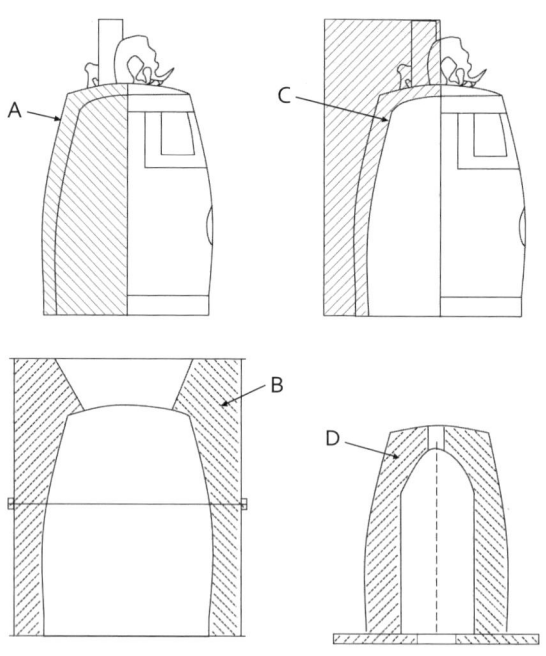

그림 4-2_성덕대왕신종의 거푸집
왼쪽_ 외형 거푸집/ 오른쪽_ 내부 코어 거푸집

추정된다.

    그림 4-2의 좌측은 A의 종 외관을 생성하기 위해 B의 외형 거푸집이 필요하다. 우측에서 종 내면 C를 생성하는 데에는 내형 거푸집 D가 필요하다. 그림 4-2의 우측은 내부 내형(內型 : 코어 주형)을 표시한 것이다. 종신부의 각종 문양과 용뉴부는 부분 거푸집을 별도로 제작, 거푸집에 조립했다. 부분 거푸집은 지문판地紋板, 분할형分割型, 밀납형이었다.

    성덕대왕신종의 문양과 조각의 섬세한 표현을 위해서는 현대의 '인베스트먼트 주조법investment casting'과 같은 정밀주조 기술이 필요하다. 당시에는 용뉴, 음통, 비천상의 섬세한 문양을 밀랍으로 조각하고 그 위에 주물사를 덧입힌 다음, 열을 가하여 녹여내 용뉴/음통의 거푸집을 만들었고, 이를 종체의 거푸집과 조립해서 종 전체를 주조한 것으로 추정된다. 다른 부위의 섬세한 문양이나 종 전체를 밀랍으로 주조했을 것이라는 의견도 있다.

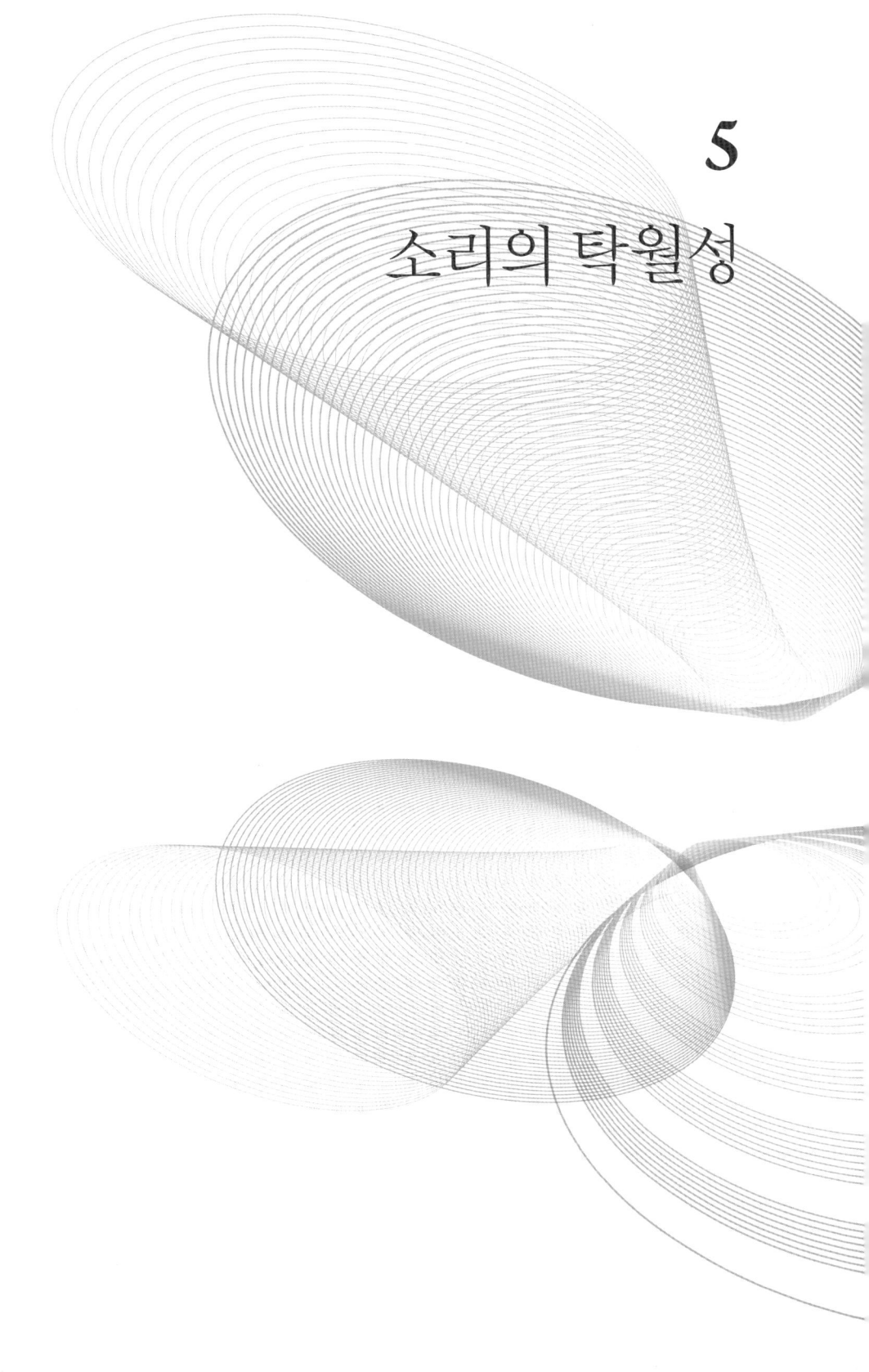

5

소리의 탁월성

1 소리의 과학

우리종은 수려한 외관과 문양, 소리의 웅장함과 아름다움으로 세계가 인정하는 자랑스러운 문화유산이다. 이러한 웅장하고 아름다운 우리종의 소리는 어떻게 만들어질까. 종소리의 발생 과정을 과학적으로 규명하여 성덕대왕신종과 같이 신비한 소리를 내는 종을 다시 만들 수는 없을까.

이 궁금증을 풀기 위해 소리 현상을 과학적으로 이해해 보자.

그림 5-1에 보이는 우리종은 항아리 모양의 부드러운 곡면을 가지며 아래로 내려오면서 두꺼워지는 구조다. 종의 크기에 따라 종소리의 높낮이와 웅장함이 다르고, 나무 당목으로 종을 치면 금속 추로 치는 서양종에 비해서 부드럽고 은은한 소리를 들을 수 있다. 종 아래 땅속에는 항아리 모양으로 움푹 파인 명동이 있어 종의 진동음을 공명시켜 소리를 더욱 크고 오래 가게 만든다. 또 종 상단은 내부와 외부를 관통하는 음통이 음향 필터 역할을 수행하면서 내부의 소리를 밖으로 뽑아내는 독특한 구조다.

이러한 구조는 우리종의 소리를 웅장하고 아름답게 만드는 데에

어떤 역할을 하는가. 이 궁금증을 풀기 위한 많은 연구를 통해 우리종의 설계와 제작 기술은 발전해 왔다. 연구 결과를 깊게 이해하려면 구조물의 진동과 음향에 대한 물리이론이 필요하다. 이 장에서는 물리 음향의 기초 이론을 사용하여 종소리의 발생과 전파, 좋은 종소리란 무엇인가, 우리종의 신비한 맥놀이, 종의 형상과 소리의 관계, 종소리에 영향을 주는 요인에 관하여 과학적으로 들여다본다.

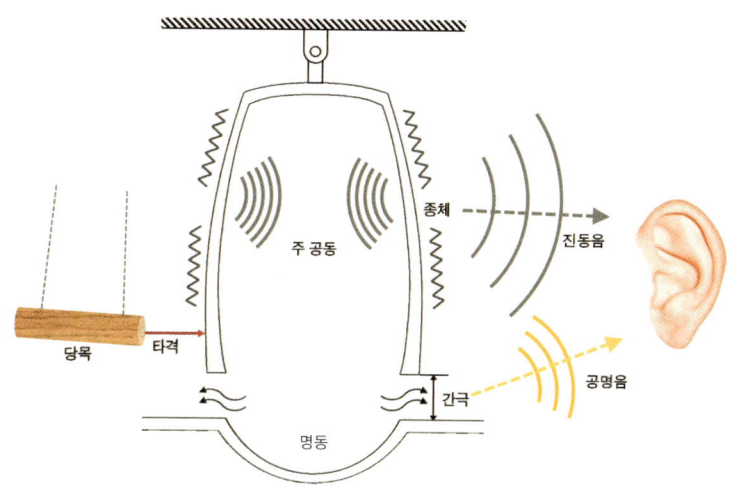

그림 5-1_타종과 소리의 발생

소리란 무엇인가

아름다운 종소리를 이해하기 위해서 먼저 소리가 어떻게 만들어지는가를 알아보자. 그림 5-2는 판(음원)이 진동할 때 소리가 들리는 과정을 보인다. 판이 진동하면 인접한 공기가 압축 팽창되면서 파동이 전파된다. 파동의 전달은 공기라는 매질이 질량과 탄성을 갖기에 가능하다.

그림에서 짙은 부분은 공기가 압축된 상태, 옅은 부분은 팽창된 상태다. 압축과 팽창을 반복하는 파동이 사람의 고막을 진동시키면 달팽이관 내의 청신경 세포를 자극하여 소리가 감지된다. 이와같이 소리를 전달하는 파동이 음파音波다.

그림 5-2의 아래 곡선은 위치에 따른 음파의 압력 변화(음압)다. 압축된 부분은 소리가 없는 상태인 대기압보다 압력이 높고, 팽창된 부분은 압력이 낮다.

압축된 공기층 사이의 간격을 파장 [m/cycle], 1초 동안 지나가는 음파의 수를 주파수라고 한다. 주파수의 단위는 [cycles/s]이고, 이를 헤르츠 [Hz]로 표시한다. 파장에 주파수를 곱하면 1초 동안 음파가 나아가는 거리 즉, 음속[m/s]이 된다. 역으로 음속을 주파수로 나누면 파장이 정해진다. 성덕대왕신종에서 가장 오래 지속되는 여음의 주파수는 64Hz로 종이 1초에 64회 진동하면서 발생한다.

저주파수의 음파는 중후한 저음으로 들리고, 고주파수의 음파는 청명한 고음으로 들린다. 작은 범종은 빠르게 진동하여 높은 주파수의 청명한 고음을 내는 반면, 크고 무거운 종은 천천히 진동하면

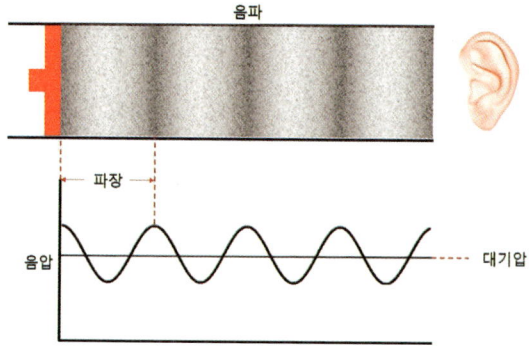

그림 5-2_음파의 전파

서 저주파수의 웅장한 저음을 낸다.

공기와 같이 음파를 전달하는 물질을 매질이라 한다. 매질에 따라 음속(音速)이 다르다. 상온에서 음파는 약 340m/s의 속도를 가지므로, 340m 거리에서는 종소리를 1초 후에 듣게 된다. 같은 공기중에서도 온도에 따라 음속이 다르다. 온도가 낮아지면 음속도 느려지고, 온도가 높아지면 음속도 빨라진다.

종과 같은 고체 내에서 파동은 공기 중에서보다 훨씬 복잡한 형태로 발생하고, 훨씬 빠른 속도로 전파된다. 강철은 약 5,000m/s의 빠른 속도로 음파를 전달하므로, 철도 선로에 귀를 대면 멀리서 열차가 오는 것을 알 수 있다. 종의 주성분인 구리는 약 2,300m/s의 속도로 음파를 전달한다. 타격지점인 당좌로부터 시작한 파동은 순식간에 종 몸체로 퍼져 나가고 주변의 공기를 진동시켜 대기중으로 전파된다.

음속은 주파수와 파장의 곱이므로, 주파수가 높아지면 공기중 음파의 파장이 짧아지고, 주파수가 낮으면 파장이 길어진다. 즉 저주파수 음의 파장은 길고, 고주파수 음의 파장은 짧다. 그림 5-3은 저주파수음의 긴 파장과 고주파수 음파의 짧은 파장을 비교한다.

무게가 1.2톤인 상원사종은 균열이 생기기 전에는 가장 낮은 여음의 주파수가 105Hz였다. 공기 중에서의 파장은 340/105=3.2m다. 18.9 톤의 성덕대왕신종의 여음의 주파수는 64Hz므로, 파장은 340/64=5.3m로 상대적으로 길다. 이와 같이 종이 커지면 진동의 주파수가 낮아지므로 긴 파장의 저음을 내게 된다.

긴 파장의 저음은 장애물을 잘 우회하고 고주파수 음보다 대기 중에서의 감쇠減衰도 작다. 따라서 높은 주파수의 소리보다 멀리 간다. 가까이에서 듣는 종소리보다 멀리서 들려오는 종소리는 은은하게 들린다. 종 가까이에서 듣는 타격음은 저주파수와 고주파수 성분을 모두 포함하나, 전달 과정에서 고주파수 음은 빨리 사라지고 저주파수 음만 남기 때문이다.

이와 같이 종소리는 여러 개의 주파수가 합성된 음이다. 이 주파수 성분들은 종이 가진 고유한 주파수로 고유주파수라고 한다. 작은 종에서는 고유주파수 성분들이 전반적으로 높고, 큰 종에서는 고유주파수가 낮아 웅장한 소리를 내게 된다. 사람들은 거대한 종에서 크고 웅장한 소리를 기대한다. 그러나 종이 커지면서 종소리가 기대만큼 크게 들리지 않는 경우가 종종 있다. 인간은

20Hz~20,000Hz 주파수 범위의 소리를 들을 수 있으나, 저주파수로 갈수록 청감도가 급격히 떨어진다. 종이 커질수록 고유주파수가 낮아지므로, 거대한 종에서 고유주파수가 지나치게 낮아지면 소리가 잘 들리지 않게 된다.

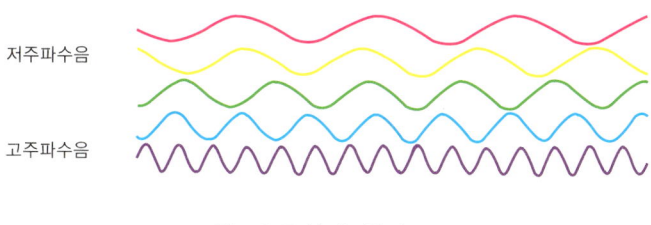

그림 5-3_주파수에 따른 파동

소리의 특성

동서양의 음악에서는 다양한 연주기법으로 음의 높낮이를 변화시켜 아름다운 곡을 연주한다. 음의 높낮이가 같더라도 악기마다 다른 음색의 개성적인 소리가 나온다. 이러한 현상은 종에서도 동일하다.

음의 높낮이와 조화로움, 웅장함, 청명함 같은 음색은 종의 고유주파수 성분으로 결정된다. 종을 치면 낮은 주파수의 저음부터 높은 주파수의 고음까지 다양한 고유주파수가 함께 발생하여 신비한 소리를 만든다. 고유주파수 성분들이 잘 어울리면 오케스트라의 합주나 혼성 합창에서와 같이 아름다운 소리가 된다. 악기나 성악가가 내는 소리는 가장 낮은 주파수를 갖는 기본음과 그 정수배의 주파수를 갖는 고차의 부분음들이 합성된 결과다. 이에 비해서 종에서는 부분음의 주파수가 기본음의 정수배가 아닌 점이 다르다.

그림 5-4는 종소리의 변화과정을 보인다. 종소리는 종을 치는 순간 수초 동안 발생하는 타격음과, 이후 십여 초까지의 중간음, 수십 초 동안 길게 지속되는 여음으로 구분된다. 십여 톤이 넘는 대형종에서는 2차 고유주파수가 가장 중요한 기본음을 만들면서 종소리의 높낮이를 결정한다. 여기에 다수의 고차 부분음들이 기본음과 어떠한 주파수 관계를 갖고 분포하는가에 따라 음색이 결정된다. 많은 부분음 성분들이 사라진 후 가장 오래 지속되는 여음은 1차 고유주파수가 만든다. 1차와 2차 주파수 음이 어울리는 중간음에서는 2차 음의 역동적인 맥놀이가 소리를 힘차게 만들기도 한다. 이와 같이 우리종 소리는 시간에 따라 변하며 그 특성을 파악하려면 주파수에 대한 이해가 필요하다.

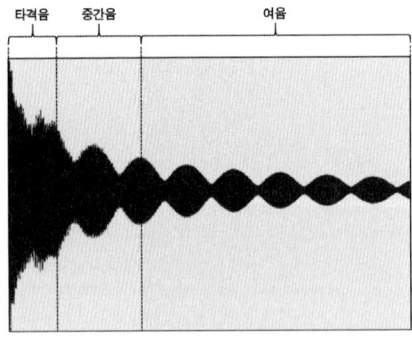

그림 5-4_시간에 따른 종소리의 변화

주파수 스펙트럼

소리에 포함된 주파수의 분포 특성을 그림으로 간편하게 표시한 것을 주파수 스펙트럼이라고 한다. 그림 5-5는 각기 다른 주파수를 갖는 파동과 그 주파수 스펙트럼을 보인다. 왼쪽 그림은 시간에 따른

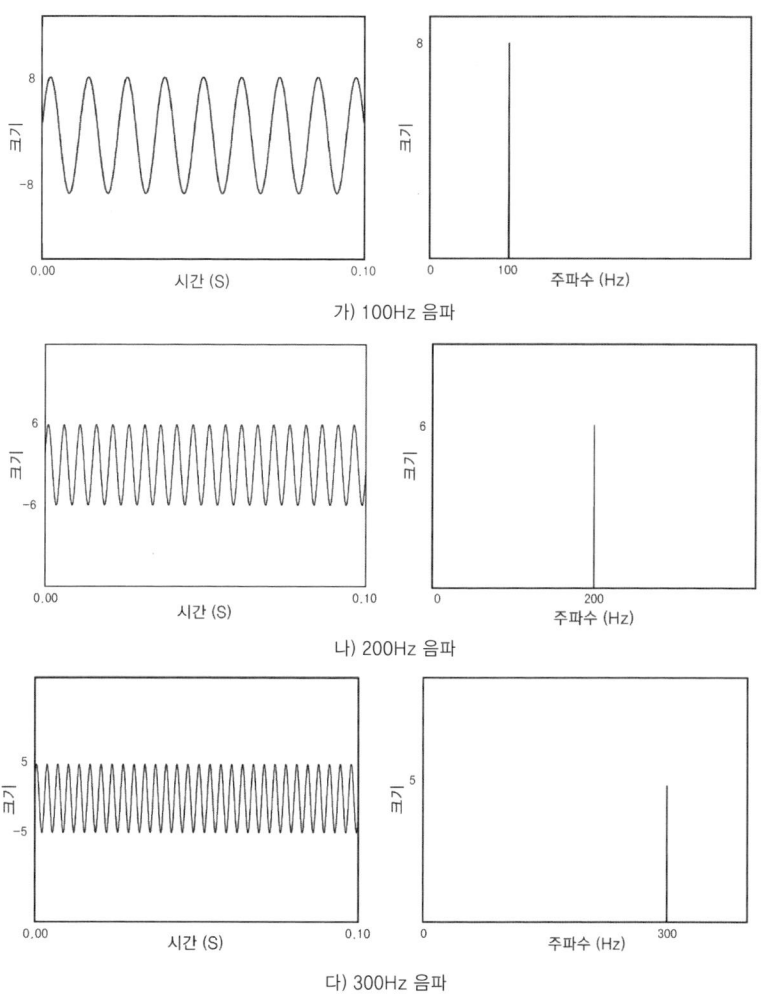

그림 5-5_ 파동과 주파수 스펙트럼

파동의 음압 변화다. 오른쪽은 파동의 주파수 값에서 막대를 표시한 그림으로, 이를 주파수 스펙트럼이라 한다. 막대의 높이는 파동의 세기를 표시한다. 가)는 0.1초 동안 10개의 파동을 보이므로 1초 동안에는 100회 진동하고 그 주파수는 100Hz다. 나)는 초당 파동수가 200개이므로 200Hz, 다)는 300Hz의 음파다.

보통 소리에는 여러 개의 파동이 합성되어 있다. 그림 5-6은 그림 5-5에서 보이는 세 개의 파동을 합성시켜 만든 파동과 그 주파수 스펙트럼이다. 합성된 파동의 주파수 스펙트럼은 세 파동의 주파수 스펙트럼을 더해서 만든다. 이보다 훨씬 많은 수의 파동이 합성된 경우에도 그 주파수 스펙트럼은 각 파동의 스펙트럼을 더함으로써 쉽게 얻을 수 있다. 주파수 스펙트럼은 복잡한 음파 속에 들어있는 많은 주파수 성분을 쉽게 보여주므로 소리의 특성을 분석할 때 매우 유용하다. 오늘날에는 주파수 분석기를 사용하여 파동을 디지털 신호처리하면 순식간에 주파수 스펙트럼을 얻을 수 있다.

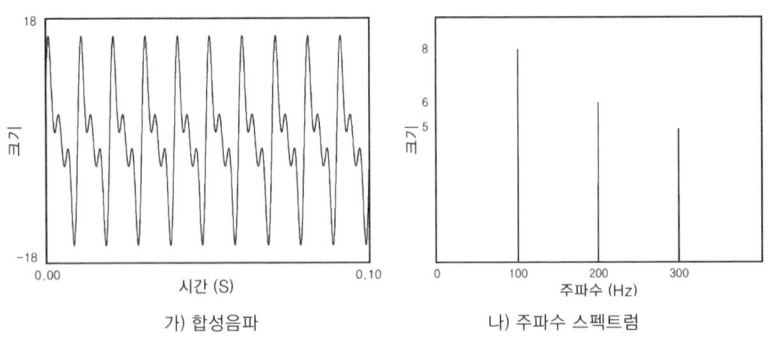

가) 합성음파   나) 주파수 스펙트럼

그림 5-6_ 합성음파와 주파수 스펙트럼

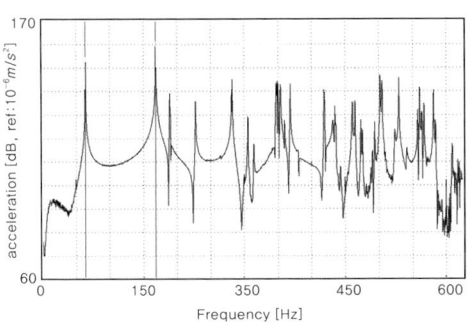

그림 5-7_ 성덕대왕신종의 주파수 스펙트럼

그림 5-7은 성덕대왕신종의 주파수 스펙트럼이다. 64Hz, 168Hz 에서 큰 피크를 보이므로 이 두 개의 주파수 성분이 소리를 지배하는 가장 중요한 주파수 성분임을 알 수 있다. 2차 고유주파수인 168Hz 성분은 많은 고차 부분음들과 함께 타격음의 높이와 음색을 지배한다. 1차 고유주파수인 64Hz 성분은 끊어질 듯 이어지는 긴 여음을 만든다.

작은 종과 큰 종의 주파수 스펙트럼에는 큰 차이가 있다. 그림 5-8은 작은 종과 큰 종이 내는 소리의 주파수 스펙트럼을 비교한다. 작은 종은 빠른 진동으로 고주파수 성분을 많이 내고, 그 결과는 청명한 고음으로 들린다. 반면에 큰 종은 저주파수 음을 많이 내어 웅장한 종소리를 만든다. 소프라노 성악가가 고주파수 음으로 청명한 고음을 내고, 베이스가 저주파수 에너지로 굵고 부드러운 소리를 내는 것과 비슷하다.

이러한 주파수 분포의 차이는 종의 구조적 차이로부터 나온다. 종의 재질과 크기, 형상, 두께의 분포에 따라 고유주파수가 달라진

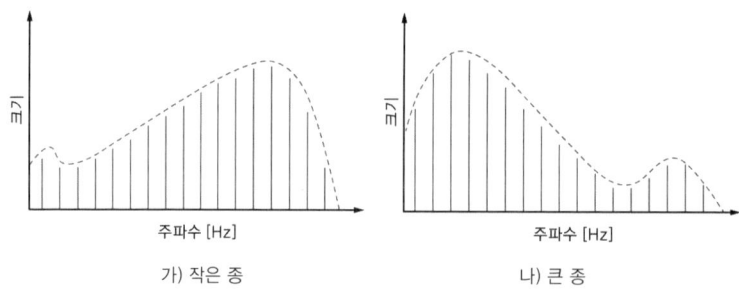

그림 5-8_종소리의 주파수 스펙트럼

다. 이들을 다르게 설계하여 고유주파수를 조절함으로써 음의 높낮이와 음색이 다른 종을 만들 수 있다.

종소리는 어떻게 만들어지는가

그림 5-1에서 당목으로 종의 당좌를 치면 당좌의 진동은 순식간에 탄성체인 종의 모든 부분으로 퍼져나간다. 종의 진동은 주변의 공기층을 압축 팽창시키며 음파를 발생시킨다. 발생된 음파는 여러 개의 고유주파수가 합성된 결과다.

각각의 고유주파수는 각각의 고유진동모드가 진동하면서 만든다.

타종 순간에는 많은 진동모드가 합성되어 복잡한 진동을 한다. 종에 손을 대면 진동을 느낄 수 있으나, 복잡하게 진동하는 모양을 눈으로 볼 수는 없다. 그러나 현대의 실험 장비와 컴퓨터 해석기법을 이용하면, 각각의 고유진동모드를 분리해서 그려낼 수가 있다. 그림 5-9는 1차~4차 음을 만드는 종의 고유진동모드다. 각각의 진동모드에서 진동이 가장 큰 부분(배)과 진동이 없는 부분(절)이 주기적으로 분포한다. 이 때문에 종의 위치에 따라 나오는 소리의 강약이 다르다. 진동모드의 배는 소리를 많이 발생시키고, 절은 소리를 발생시키지 못한다.

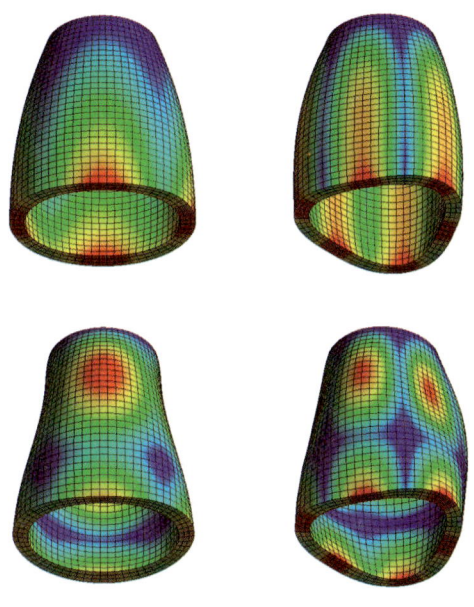

그림 5-9_종의 1차~4차 고유진동모드

종소리는 시간에 따라 어떻게 변할까

종소리를 만드는 여러 부분음들의 지속 시간은 주파수에 따라 각기 다르다. 주파수가 높을수록 재료 내부의 금속 입자들 사이의 마찰 손실이 크므로 빨리 감쇠한다. 반대로 저주파수의 진동은 오래 지속된다. 저음과 고음의 감쇠 차이 때문에 많은 고유주파수가 합성된 종소리는 시간에 따라 변해간다. 웅장하고 풍부한 음색의 타격음은 시간이 지나면서 은은한 낮은 여음으로 변한다. 그림 5-10은 성덕대왕신종의 소리가 시간에 따라 변해가는 모양이다. 타종 순간에 파형이 크고 복잡한 것은 많은 고유주파수 음들이 한꺼번에 어울리기 때문이다. 그러나 큰 감쇠를 갖는 고주파수 성분들은 수 초 내에 소멸되고 마지막에는 가장 낮은 1차 고유주파수가 은은한 여음을 만들며 오래 이어진다. 이 여음은 강약을 반복하는 맥놀이를 보인다. 맥놀이에 대해서는 뒤에서 상세히 설명한다.

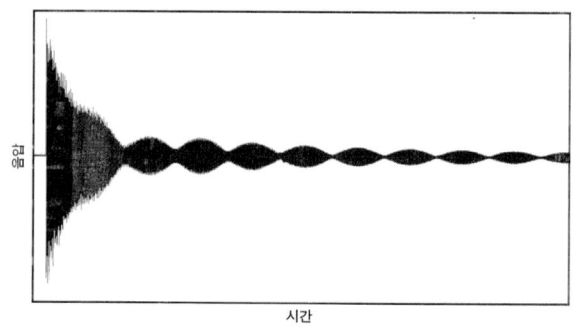

그림 5-10_성덕대왕신종 소리의 파형

2 우리종 소리의 우수성

좋은 종소리에 대한 기준은 나라마다 다르고, 타종 목적에 따라 다르다. 서양종에서는 잡음이 없이 맑고, 여러 주파수의 음들이 조화롭게 어울리는 소리를 좋은 종소리로 본다. 우리종에서는 이에 추가하여 타격음이 힘차게 뿜어 나오면서 웅장하며, 여음의 맥놀이가 끊어질 듯 다시 살아나면서 이어지는 것을 좋은 종소리의 조건으로 꼽는다.[1]

잡음이 없는 맑은 소리는 종 재질의 화학적 조성과 주조 방법의 우수성에서 나온다. 또 종을 치는 당좌가 적절한 높이에 위치해 종 걸이 부분의 반력을 최소화시켜야 마찰음을 막을 수 있다. 적절한 무게와 좋은 재질의 당목도 웅장하면서도 잡음이 없는 소리를 얻는 데 중요하다.

조화로운 소리는 어떻게 만들어질까. 조화로운 소리는 종이 갖는 고유주파수 성분들의 관계로 결정된다. 그림 5-11은 주파수분석기로 얻은 성덕대왕신종의 종소리의 주파수 스펙트럼이다. 뾰족한 피크가 고유주파수에서 발생한다. 조화로운 소리는 이러한 주파

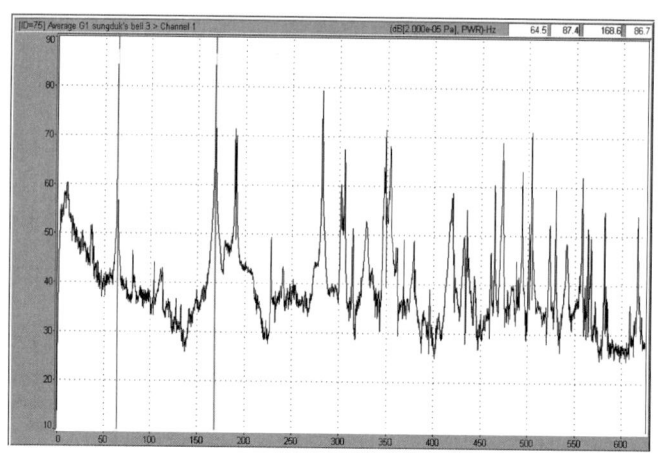

그림 5-11_성덕대왕신종 소리의 주파수 스펙트럼

수 값들의 상대적인 관계와 강약의 분포 상태에 따라 결정된다. 주파수 성분들이 조화롭게 어울리는 화음도와 주파수 성분들의 강약을 고려하여 종소리의 조화로움을 정량적 수치로 표시한 연구가 있다.[2] 성덕대왕신종의 기본음인 168Hz 음에 대한 고차 부분음들의 주파수의 비가 간단한 정수배 관계에 가까울수록 조화롭게 들리면서 화음도가 높게 나온다. 부분음들의 화음도를 정하고 이를 합하여 평점을 매긴 결과, 성덕대왕신종의 점수는 100점 만점에 87점으로 현존하는 범종 소리 중 최고의 평점을 보였다.

우리종 소리의 빼놓을 수 없는 또 하나의 우수성은 타격음의 웅장함이다. 「한국종 소리의 장엄함에 관한 연구」[3]에 따르면 1,600Hz 이상의 높은 주파수음은 장엄함에 거의 영향을 미치지 못하고, 300Hz 아래의 저주파수 성분이 종소리의 장엄함에 크게 기여하는 것으로 밝혀졌다. 성덕대왕신종은 1,000Hz 아래에서만 50여 개의 고유주파수를 갖는다.[4] 이 많은 부분음들이 큰 에너지를 갖고 어울림으로써 힘차고 깊이 있는 소리가 뿜어져 나온다.

성덕대왕신종과 비슷한 크기의 영국대종 Great Paul은 1,000Hz 이내에서 성덕대왕신종의 절반 정도인 20여 개의 고유주파수 성분들을 갖는다.[5] 그 결과 소리는 맑고 조화로우나 웅장한 느낌을 주지는 못한다. 우리 종에서는 적절한 강성을 갖는 무거운 당목으로 타종함으로써 저주파수 부분음들이 큰 에너지로 발생하는 것도 웅장한 소리의 원인이다.

우리종 소리의 우수성에서 빼놓을 수 없는 특성에는 맥놀이도 있다. 맥놀이는 소리가 단조롭지 않고 우~웅 우~웅 하면서 강약이 반복되는 현상이다. 천지를 진동시키는 듯 뿜어 나오다 사라지는 듯하다가 다시 살아나는 타격음은 2차음의 맥놀이의 결과이고, 그림 5-10에서 보이는 끊어질듯 길게 이어지는 여음의 맥놀이는 1차 진동음의 맥놀이다.

우리종의 여음이 서양종이나 다른 동양종에 비해서 길게 오래 이어지는 것은 항아리형의 구조가 하대로 가면서 두꺼워지는 구조적 특성과 사용하는 청동재료와 주조법이 매우 우수한 데에도 기인한다. 성덕대왕신종이 1200여 년 동안 무수한 타종을 견디어 낸 것은 이와같은 우수한 구조적 특성과 주조기술이 뒷받침된 결과다.

3 맥놀이

맥놀이는 어떻게 만들어지나?

그림 5-10의 성덕대왕신종의 파형에서 보듯이 우리종의 소리를 들어보면 타격음에서 '우~웅 우~웅'하고 천지를 진동시키는 소리가 사라지는 듯하다가 다시 살아나는 독특한 변화를 보인다. 길게 이어지는 여음에서도 끊어질 듯 이어지는 강약이 반복된다. 이러한 현상이 맥놀이다. 타격음이 단조롭게 사라지는 서양종이나, 맥놀이가 너무 급한 다른 동양종에 비해서 우리종의 맥놀이는 적절한 주기로 발생함으로써 소리가 힘차게 느껴지며 종이 마치 살아 있는 듯한 느낌을 주기도 한다.

맥놀이는 주파수의 차이가 매우 작은 두 개의 파동이 서로 간섭하여 소리의 강약이 주기적으로 반복되는 현상이다.[6] 그림 5-12는 매우 근소한 주파수 차이를 갖는 두 개의 파동(100Hz와 100.2Hz)이 합쳐질 때 맥놀이가 발생하는 현상을 보인다. 맥놀이 이론에 따르면 두 파동의 주파수 차이의 역수가 맥놀이 길이가 된다. 그림 5-12에서 주파수 차이 0.2Hz의 역수인 5초 길이의 맥놀이가 생긴다.

우리종에서 맥놀이를 만드는 미세한 주파수의 차이는 어디서 나올까. 근본 원인은 대칭형 구조 속에 숨어 있는 미세한 비대칭성이다. 종과 같은 축 대칭형 구조가 작은 비대칭성을 가질 때 고유진동모드는 미세한 주파수 차이를 만드는 진동모드 쌍으로 분리된다.[7] 이 미세한 차이를 갖는 주파수 쌍이 서로 간섭하여 맥놀이가 발생한다. 우리종은 항아리형의 축대칭형 구조에 문양이 비대칭적으로 배치되어 있고, 주조 과정에 발생하는 구경이나 두께의 비대칭성이 맥놀이의 원인이 된다. 서양의 연주용 종에서는 맥놀이를 피하기

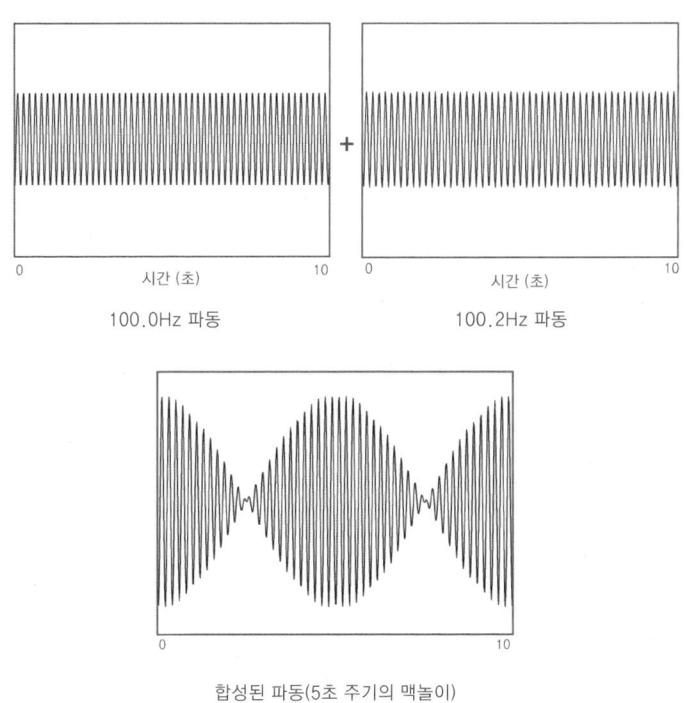

그림 5-12_맥놀이의 발생 과정

위하여 주조 후에 종을 갈아내 비대칭성을 제거하기도 한다.[8]

좋은 맥놀이란?

맥놀이는 선명하면서도 적절한 길이로 반복되어야 좋은 느낌을 준다. 길이가 너무 짧으면 숨차고 급하게 느껴지고, 너무 느리면 역동성이 떨어진다. 성덕대왕신종의 여음의 맥놀이는 3초 정도로 매우 적절한 길이다.

맥놀이의 길고 짧음은 종이 갖고 있는 비대칭성의 크기가 결정한다. 그림 5-13은 비대칭성의 크기에 따른 맥놀이 파형이다. 비대칭성이 없으면 맥놀이는 발생하지 않는다. 비대칭성이 증가하면서 맥놀이의 주기는 짧아진다. 비대칭성이 커지면 주파수 쌍의 차이가

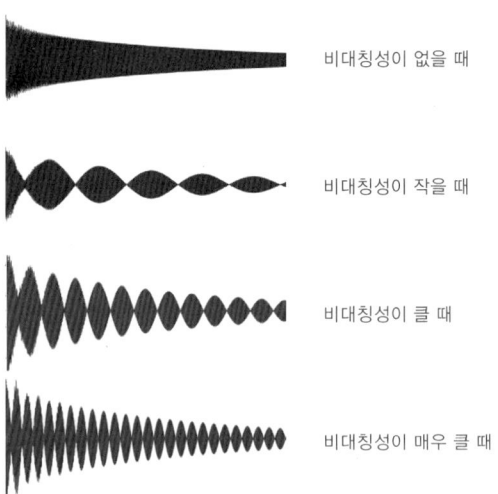

그림 5-13_비대칭성과 맥놀이

커지므로 맥놀이 주기는 짧아진다. 이 원리에 따라 오늘날에는 주조 후에 인공적인 비대칭성을 만들어 맥놀이 길이를 조절한다.

우리종에서는 여음과 기본음에서 강하면서 적절한 주기의 맥놀이가 중요하다. 여음의 맥놀이는 가장 낮은 1차 고유주파수 쌍이 만든다. 여음이 끊어질 듯 이어지고, 숨쉬는 듯한 생동감을 주면서 오래 들리도록 만든다. 10톤을 넘는 큰 범종에서 여음은 100Hz 아래의 낮은 음이다. 이 여음에서는 3초~5초 길이의 적절한 주기로 소리에 변화를 주는 강한 맥놀이가 필요하다.

2차 고유주파수의 기본음 맥놀이는 타격음을 역동적으로 만든다. 타격음의 지속 시간은 수초 이내로 짧지만 우~ 웅 하면서 뿜어 나오는 기본음의 맥놀이는 타격음을 웅장하게 만드는 중요한 요소이다.

타종 위치가 맥놀이에 영향을 주는가

흥미롭게도 종이 적절한 길이의 맥놀이를 갖더라도 타종 위치가 좋지 않으면 맥놀이가 선명하지 못하다. 맥놀이가 얼마나 선명한가는 타종 지점인 당좌가 종 원주상의 어디에 위치하는가에 따라 결정된다. 그 이유를 그림 5-14로 설명한다. 그림에서 가)는 선명한 맥놀이다. 이는 간섭하는 주파수 쌍의 세기가 같을 때 발생한다. 나)에서 주파수 쌍의 세기가 다르면 희미한 맥놀이가 발생하는 것을 볼 수 있다. 선명한 맥놀이를 만들기 위해서는 주파수 쌍이 같은 세기로 발생하도록 해주어야 한다. 이 조건은 당좌가 원주 상 어디에

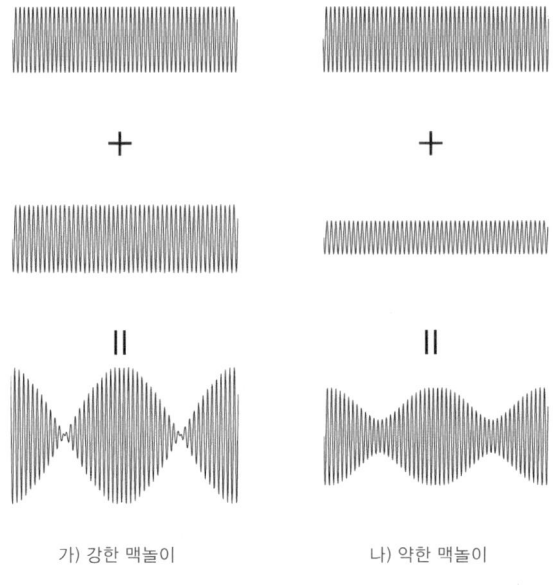

가) 강한 맥놀이   나) 약한 맥놀이

그림 5-14_강하고 약한 맥놀이

위치하는가에 따라 결정된다.

　성덕대왕신종은 이러한 조건을 완벽하게 만족시키는 탁월한 종이다.[9] 그림 5-15 가)는 성덕대왕신종의 2차 고유진동모드 쌍을 원주 상에서 그린 결과다. 2차 고유진동모드 쌍이 진동하면서 만드는 기본음의 '우 ~ 웅, 우 ~ 웅' 반복되는 맥놀이는 천지를 진동시키는 듯한 웅장함을 느끼게 한다. 놀랍게도 화살표로 표시된 당좌 중심이 2차 진동모드 쌍을 같은 크기로 타격할 수 있는 위치다. 그 결과 미세한 차이를 갖는 주파수 쌍은 그림 5-15 나)와 같이 동일한 크기로 발생하고, 다)와 같이 완전히 끊어졌다가 다시 살아나는 매우 강렬한 맥놀이가 발생한다. 그래서 '우~웅, 우~웅' 천지를 진동시

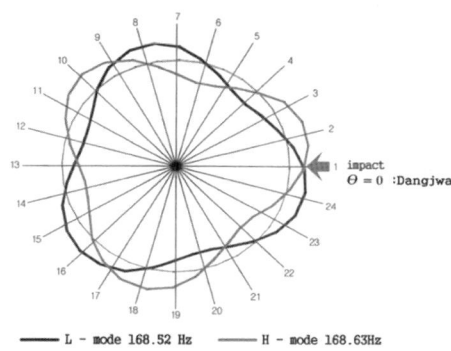

가) 진동모드 쌍

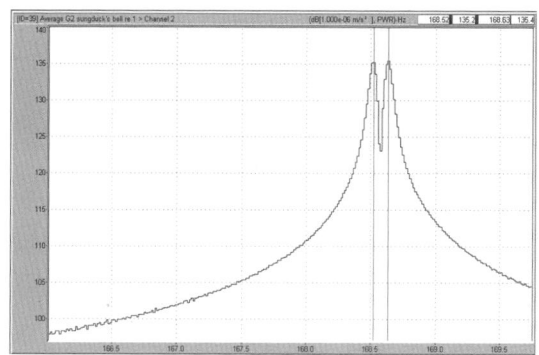

나) 주파수 쌍

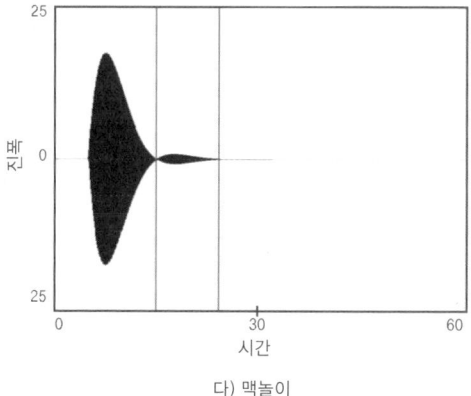

다) 맥놀이

그림 5-15_성덕대왕신종의 2차 진동모드와 맥놀이

키듯 커지다가 사라지고 '우-웅'하면서 다시 살아나는 신비한 소리를 들을 수 있다.

좋은 맥놀이를 만들 수 있을까

맥놀이의 원인인 비대칭성은 문양의 비대칭적 배치와 주조과정에서 발생하는 치수와 재질 특성의 불균일성에 기인한다. 이러한 요인들은 예측이 불가능하므로 상원사종이나 성덕대왕신종에서와 같이 우수한 맥놀이를 만드는 것은 현대 주조기술로도 매우 어렵다.

오늘날 제작되는 큰 종에서 맥놀이가 잘 들리지 않거나 너무 느리거나 빠른 경우가 자주 발견된다. 이럴 경우 신호 분석 장비와 컴퓨터 해석을 이용하여 주조 후에 맥놀이를 교정할 수 있다. 교정할

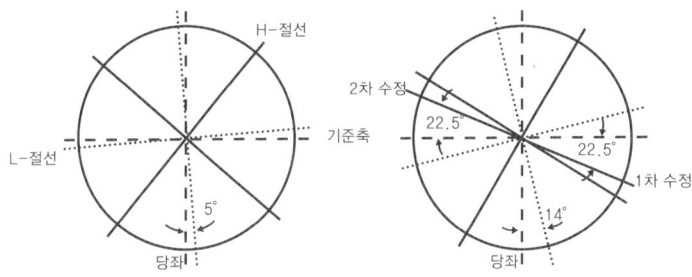

그림 5-16_보신각새종의 맥놀이 조절 전후의 당좌 위치

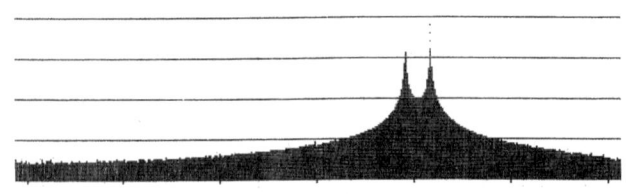

그림 5-17_맥놀이 조절 후 주파수 쌍

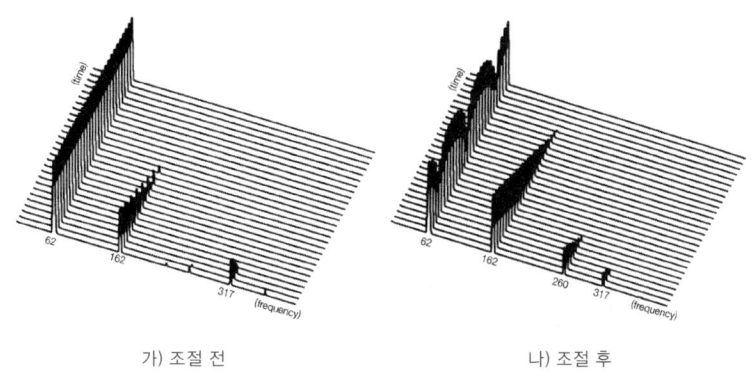

가) 조절 전 나) 조절 후

그림 5-18_맥놀이 조절 전후의 파형

때 종 내부의 적절한 지점을 찾아 적당량을 연삭함으로써 두께를 인위적으로 변화시킨다.[10] 즉 비대칭성을 알맞게 재배치시켜 당좌가 강한 맥놀이를 만드는 좋은 지점에 오도록 교정한다. 또 연삭량으로 비대칭성의 크기를 조절하여 적절한 길이의 맥놀이를 만들 수 있다.

세계에서 맥놀이 조절을 처음 시도한 것은 1987년 제작된 보신각새종의 경우다. 주조 직후 보신각새종은 가장 오래 지속되는 62Hz의 여음에서 맥놀이가 매우 약한 상태였다. 측정 결과 그림 5-16 왼쪽 그림과 같이 당좌가 진동모드 쌍 중 하나의 절점에 5° 정도로 너무 가까워 주파수 쌍을 고르게 타격하지 못하는 것이 원인으로 밝혀졌다. 종을 들어 올리고 하대 안쪽을 연삭해낸 결과, 오른쪽 그림과 같이 당좌를 진동모드 쌍의 절점에서 14° 만큼 멀어지는 위치에 오게 만들었고, 그림 5-17에서와 같이 주파수 쌍이 대등한 크기로 발생하게 되었다. 그림 5-18은 맥놀이 교정 전후에 주파수 성분들이 시간에 따라 변하는 것을 보인다. 교정 전에는 62Hz의 1차음에서 맥놀이를 거의 볼 수 없었으나, 교정 후에는 강약이 뚜렷한 맥놀이가 주기적으로 반복하는 것을 볼 수 있다.

종소리는 방향에 따라 다르게 들리는가

맥놀이는 그 강약이 듣는 위치에 따라서도 전혀 다르다. 어떤 방향에서는 끊어질 듯 이어지는 강한 맥놀이를 들을 수 있으나, 어떤 방향에서는 맥놀이가 안 들리기도 한다. 이러한 현상은 맥놀이지도를 사용하면 쉽게 설명된다. 그림 5-19은 성덕대왕신종의 맥놀이지도다. 원주상의 위치에 따라 맥놀이가 강한 위치와 약한 위치가 주기적으로 분포한다. 가)는 여음을 만드는 1차음의 맥놀이지도다. 타종점(1번 지점)인 당좌에서 맥놀이는 약하고 이와 45° 좌우 지점에서는 선명한 맥놀이를 들을 수 있다. 나)는 기본음을 만드는 2차음

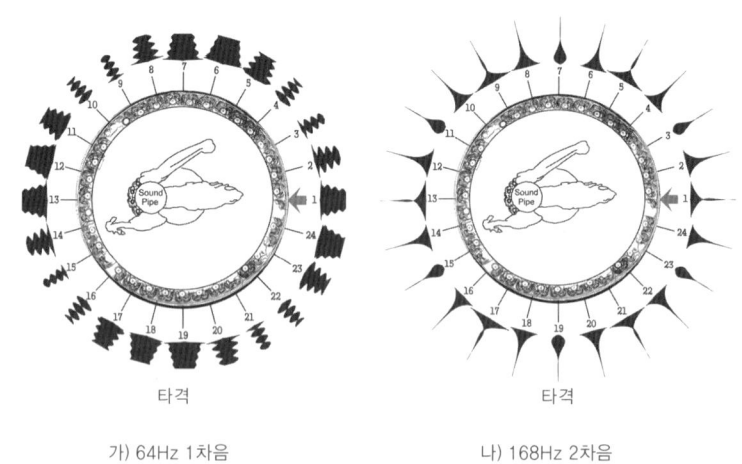

그림 5-19_성덕대왕신종의 맥놀이지도

의 맥놀이지도다. 타종점과 그로부터 30° 간격의 위치에서 선명한 맥놀이를 들을 수 있다. 맥놀이지도는 음파를 직접 측정하지 않고 이론적으로 컴퓨터를 이용하여 자동으로 그리는 것이 가능하다.[11] 진동모드 쌍만 측정하면 맥놀이 이론을 사용하여 자동으로 맥놀이지도를 그릴 수 있다.

4 우리종의 구조와 소리

종소리는 종이 갖는 여러 개의 고유주파수가 합성되어 만들어진다. 그런데 고유주파수를 결정하는 가장 중요한 요소는 종의 크기, 형상과 두께와 재질 특성이다. 종의 구조가 고유주파수를 결정하고 고유주파수가 종소리를 만든다.[12,13]

종과 유사한 원통 구조의 이론에 따르면 종의 반경이나 길이가 증가하면 고유주파수가 낮아지고, 종이 두꺼워지면 고유주파수는

가) 기본모델　　　　　　　나) 1/2 축소모델

그림 5-20_종의 상사모델

높아진다. 이 때문에 작은 종은 청아한 고음을 내고, 큰 종은 장중한 저음을 낸다.

그림 5-20은 형상은 동일하고 구경이나 높이가 2:1의 관계를 갖는 종 모델이다. 크기가 1/2로 감소하면 크기의 세제곱에 비례하는 중량은 1/8로 감소한다. 이때 고유주파수 성분들은 전반적으로 2배 정도 증가한다. 종의 형상을 유지하고 중량을 1/8배로 줄인다면 고유주파수는 배가 되어 종소리는 고음화할 것이다. 이러한 원리는 종을 설계할 때 소리의 높낮이를 예상하는데 사용된다. 성덕대왕신종이나 상원사종을 기준으로 그 형상을 축소하거나 확대시킬 때 어떠한 소리가 나올 것인가를 예상할 수 있다. 오늘날에는 컴퓨터 구조해석을 통하여 고유주파수를 계산하고 이를 합성해서 종소리를 미리 들어보는 것도 가능하다.

우리종에서는 맑고 웅장한 소리가 중요한 요건이다. 종소리가 웅장하려면 저음역에서 많은 고유주파수를 가져야 하며, 특히 100Hz~300Hz의 주파수성분이 강하게 발생하도록 종 구조에 맞는 당좌의 위치와 당목 조건이 만족되어야 한다.

우리종은 아래로 내려오면서 두꺼워지는 구조를 갖는다. 종의 두께 분포와 고유주파수에 대한 연구[14]에 따르면 하대의 두께와 종의 평균 두께의 비를 2:1 이상으로 하고, 하단에서 당좌까지의 거리가 종신고의 0.25배 이상 되도록 만들어 주면 2차 진동음이 1차 진동음보다 크게 발생한다는 사실이 밝혀졌다. 대형 종에 이 원리를 적용하면 낮은 주파수의 1차음이 잘 들리지 않더라도 잘 들리는 2

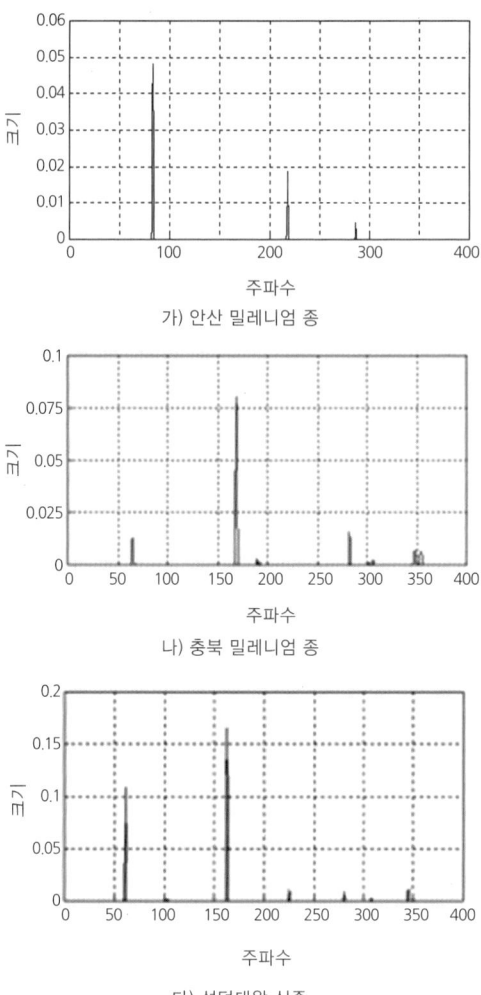

그림 5-21_한국 범종의 스펙트럼

차음을 크게 만들어 웅장함을 높일 수가 있다.

그림 5-21은 최근에 주조된 대종의 스펙트럼을 비교한다. 가)의 종은 1차 고유주파수가 80Hz 부근이므로 그 여음을 오래 들을 수

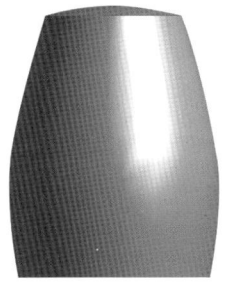 

가) 우리종　　　　　　　　나) 서양종

그림 5-22_동서양의 종 구조

있다. 이보다 큰 나)종은 1차 고유주파수가 60Hz 부근으로 잘 들리지 않는다. 이 문제를 해결하기 위해 위의 설계 원리를 적용한 결과 나)의 스펙트럼에서 보듯이 170Hz 부근의 2차음을 크게 발생시킬 수가 있었고, 그 결과 웅장한 종소리를 만들 수 있었다.

성덕대왕신종은 신라시대에 만들었음에도 불구하고 이러한 구조적 조건을 만족시키며 두께가 하부로 가며 완만하게 증가하여 하대에서 가장 두꺼워진다. 다)는 성덕대왕신종의 주파수 스펙트럼이다. 64Hz의 1차음도 강하지만 168Hz의 2차음은 더욱 강하게 발생하여 웅장하고 청감이 좋은 소리를 내고 있다. 하대가 적절한 비로 두꺼워지는 이러한 구조는 무수한 타종에 따른 충격으로 파열되기 쉬운 하부를 보강해 주는 역할도 하면서 우리종은 긴 세월 동안의 수많은 타종을 견뎌 낼 수 있었다.

우리종은 그림 5-22 가)와 같이 가운데 배 부분이 바깥쪽으로 약간 튀어나온 항아리 모양의 독특한 구조를 보인다. 반대로 서양종은 나)와 같이 배 부분이 오목하고 하단이 바깥쪽으로 나오는 날렵한 구조를 갖는다. 중국종이나 일본종은 밋밋한 원통형으로 배가 튀어나오지 않고 일자형에 가깝다. 이러한 항아리 모양의 곡률이 종소리에는 어떠한 영향을 미칠까. 항아리 구조는 종 구조의 강성을 증가시켜 고유주파수를 높여 고음화하는 효과를 가져온다. 볼록이나 오목한 원통의 구조 이론[15]에 따르면 볼록한 부분의 곡률이 커질수록 고음화 효과는 커진다. 서양종처럼 오목한 경우에는 진동모드에 따라 고유주파수가 감소하기도 증가하기도 한다. 오늘날 항아리 구조의 고음화 효과는 대형종의 설계에서 활용되고 있다. 종이 대형화하면 고유주파수가 너무 낮아지는 경우가 종종 발생한다. 대형 종은, 여음의 진동은 오래 가나 주파수가 너무 낮아 잘 들리지는 않게 된다. 항아리 구조의 곡률효과를 통하여 고유주파수를 높여 고음화시키면 청감도를 높여 여음을 오래 들을 수 있다.

5 타종 방법과 소리

우리종은 소리가 웅장하면서도 은은하다. 그 원인은 종의 구조와 함께 타종 방식에서도 찾을 수 있다. 같은 종도 어떻게 타종하는가에 따라 전혀 다른 소리를 낸다. 그림 5-23은 동, 서양종의 타종 방식을 비교한다. 가)에서 우리종을 포함하여 동양종은 당목으로 부르는 긴 나무망치를 흔들어 종 외부를 타격한다. 반면에 서양종은 종을 흔들어 종 내부에 매달린 금속 추가 종에 부딪치게 하면서 소리를 낸다. 이러한 타종 방식의 차이는 종소리에 큰 영향을 미친다.

타종 방법에 따라 종소리를 만드는 고유주파수의 합성 결과가 달라진다. 타종 방법에 따라 종에 전달되는 에너지의 주파수 분포가 달라서다. 뒤에 나오는 그림 5-24는

 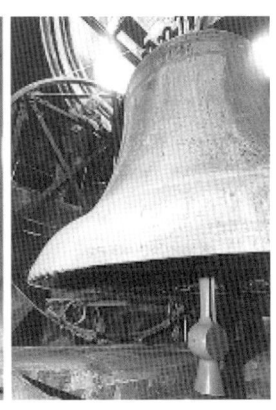

가) 동양종　　　　나) 서양종

그림 5-23_타종 방식

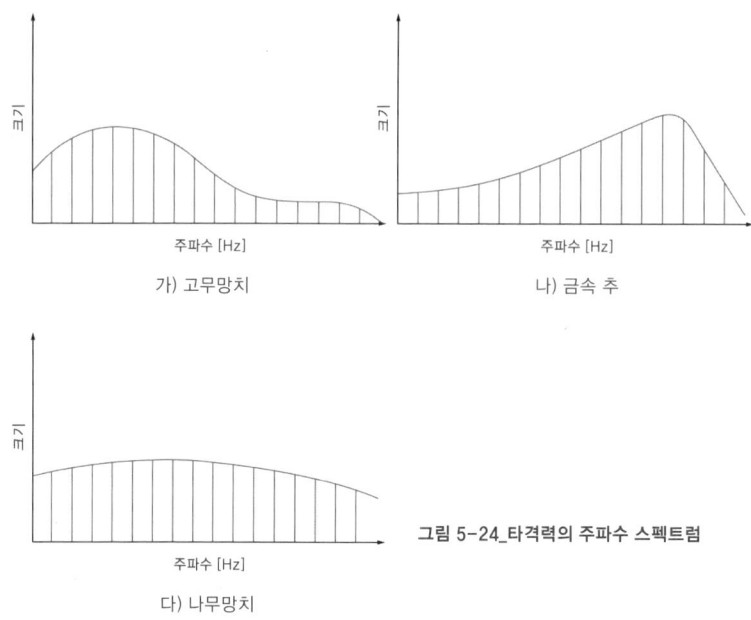

그림 5-24_타격력의 주파수 스펙트럼

고무망치, 금속추, 나무망치로 타종할 때 종에 전달되는 에너지의 주파수 분포를 비교한 것이다. 부드러운 고무망치는 타격의 접촉 시간이 길어 저주파 대역의 에너지를 주로 전달한다. 반면 금속 추로 타종하면 접촉 시간이 매우 짧아 나)에서처럼 고주파수 에너지가 많이 전달된다. 나무망치는 다)와 같이 저음에서 고음까지의 에너지를 모두 종에 전달한다. 그 결과 웅장한 저음과 청아한 고음을 모두 발생시킬 수 있다. 대형 한국종의 소리가 웅장한 것은 저음역에서 중고음역까지 많은 고유주파수를 갖는 구조적 특성과, 이 주파수 대역의 에너지를 고루 전달하는 당목의 타종 조건이 잘 어울린 결과다.

당목으로 타종하는 경우, 당목의 무게와 재질, 타격력(타격속도)이 소리에 영향을 미친다. 일반적으로 당목의 무게는 종의 무게에 비례한다. 여러 고유진동모드를 진동시킬 수 있을만큼 충분한 운동에너지를 종에 전달해야 하기 때문이다. 20톤이 넘는 대종을 타종하는 데에는 100kg에 가까운 대형 당목을 사용하기도 한다.

같은 크기의 당목이라도 재질에 따라 종소리가 다르다. 오늘날 당목에는 호두나무, 육송, 유카리투스, 플라타너스 등이 사용된다. 재질이 너무 무르면 타격 때 종과의 접촉 시간이 길어져서 저음의 둔탁한 소리가 나고 너무 딱딱하면 타격 때의 접촉 시간이 짧아져서 고음성의 격음이 나서 장중함이 떨어진다.

당좌의 최적 높이

앞에서 종 원주 상에서의 당좌 위치는 맥놀이의 선명함을 결정했다. 이와 동시에 당좌의 높이도 소리에 상당한 영향을 준다. 우리종의 당좌는 그림 5-25와 같이 종 중앙에 연꽃 문양을 갖고 약간 볼록하게 튀어 나온 원형의 부분으로 종의 전면과 후면에 조각되어 있다. 당좌가 하부로 내려갈수록 부드러운 저음이 크게 발생하고, 상부로 올라가면 타종

그림 5-25_우리종의 당좌

그림 5-26_타격중심의 응용 사례

때 고음이 더 크게 발생한다. 그 이유는 소리를 내는 종의 진동모드와 관련이 있다. 하부를 타격하면 저차의 고유진동모드에 에너지를 더 많이 전달하여 낮은 주파수 성분을 크게 발생시킨다.

그러나 무조건 종 하부를 타격하는 것은 구조적 안정성을 해칠 수도 있다. 우리종에서 당좌의 높이에 관련하여 놀라운 사실은 그 높이가 타격중심Center of Percussion 이론이라는 물리학적 원리에 따라 설계되었다는 점이다.[16,17]

타격중심 이론은 그림 5-26에 보이는 야구방망이, 골프클럽, 테니스 라켓 등 회전에 의해 물체에 충격을 가하는 모든 운동에 적용되는 과학적 원리다. 야구방망이나 테니스 라켓으로 공을 때릴 때 어떤 특정점에 맞추면 손목에 힘이 거의 걸리지 않고 경쾌하고 부드럽게 타격할 수 있다. 이 지점을 스위트 스팟sweet spot이라고 부른다. 이 지점이 동역학 이론의 타격중심center of percussion이다.

종 걸이를 기준으로 타격중심은 종의 무게 중심보다 약간 아래에 위치한다. 타격중심을 타종하면 종을 지지하는 종 걸이에서의

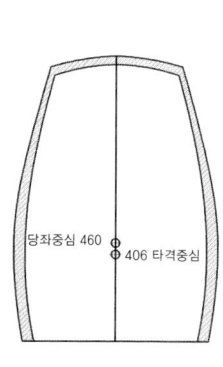
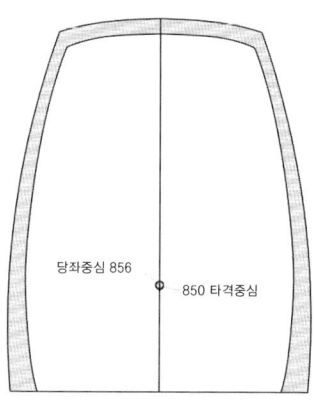

그림 5-27_상원사종의 당좌 높이와 타격 중심

그림 5-28_성덕대왕신종의 당좌 높이와 타격 중심

반발력을 최소화시키므로 종이나 종각의 구조 안정성 측면에서 매우 유리하다. 반면 타격중심보다 아래나 위를 타격하면 종 걸이에 반발력이 발생한다. 타격중심 원리에 따라 당좌 중심의 위치를 정하면 종이나 종각에 주는 피로를 크게 줄일 수 있다. 또 종 걸이 부분의 마찰 잡음도 방지하여 깨끗한 종소리를 만드는 데도 유리하다.

   오늘날에는 종을 설계할 때 컴퓨터로 타격중심의 높이를 계산하여 그 지점에 당좌 중심이 오도록 한다. 대표적인 신라종인 상원사종과 성덕대왕신종을 대상으로 타격 중심의 계산치와 실측한 당좌 중심의 위치를 비교해 본다. 그림 5-27의 상원사종에서 타격중심을 컴퓨터로 계산하면 하단에서 406.3cm 높이에 있다. 실측한 당좌 중심은 하단에서 460cm 높이에 있다. 종신고(1,335cm)를 기준으로 계산치와의 실측치의 차이는 약 4%다.

그림 5-28은 성덕대왕신종의 타격중심으로 계산치는 하단에서 849.5cm 높이다. 실측한 당좌 중심은 하단에서 856cm 높이에 있다. 그 차이는 종신고(3,030cm) 대비 0.2% 이내다. 이러한 결과로부터 신라시대의 주종 전문가들이 미적 측면과 구조의 안정성과 종소리를 모두 고려하여 당좌를 타격중심 높이에 만들지 않았을까 하는 추정이 가능하다. 컴퓨터가 없었던 옛날 장인들이 정한 당좌의 위치가 현대의 과학 기술에 의한 결과와 거의 일치하는 것은 놀라운 일이다.

6 명동과 음통

명동

명동은 동서양의 종 가운데에서 한국종에만 있는 독특한 요소다. 2장 그림 2-11의 선림원종에서 보듯이 종 아래 바닥을 파서 설치한 항아리 모양의 구멍이 명동이다. 이러한 명동은 종소리를 공명시켜 증폭시킴으로써 소리를 멀리, 오래 가게 만드는 효과가 있다.

명동의 원리는 동서양의 관악기에서도 적용된다. 관악기는 구멍을 여닫음으로써 내부 공기층의 길이를 변화시킨다. 공기층이 길어지면 낮은 공명음을 내고, 짧아지면 높은 공명음을 내게 된다. 공기층의 길이를 조절하여 음높이를 자유로이 조절하여 연주한다. 단, 악기에서와 달리 종에서는 종 몸체의 중요한 고유주파수와 종 내부의 공기층의 공명주파수가 일치하도록 명동을 제작해야 효과가 있다.

우리종에서 명동은 1차나 2차 고유주파수를 공명시키도록 설계한다. 1차 고유주파수는 가장 오래 가는 여음을 만들고, 2차 고유주파수는 타격음을 지배하는 기본음을 만들기 때문이다. 종 내부의 공기층과 명동의 공기층이 합쳐져 만드는 공명주파수를 예측하기 위해서는 컴퓨터를 이용한 음향해석을 필요로 한다.

그림 5-29는 종 안의 공기층과 명동으로 구성된 공동이 갖는 공명파다.[18] 이러한 공명파는 공기층의 크기와 형상에 따라 공명 주파수가 달라진다. 공명 주파수가 여음의 주파수와 같아지면 여음은 더욱 오래 지속된다. 또 기본음의 주파수와 같아지면 타격음이 더욱 웅장해진다.

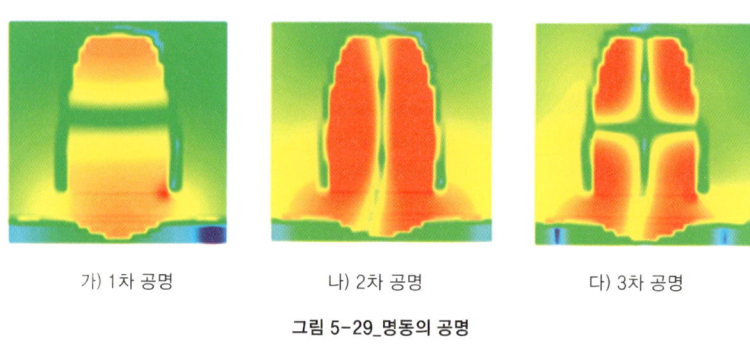

가) 1차 공명   나) 2차 공명   다) 3차 공명

그림 5-29_명동의 공명

그림 5-30에 공명 전후의 음파의 파형을 비교한다.

명동을 만드는 이유는 종 내부 공기층만으로는 여음이나 기본음을 공명시키기 어려워서다. 명동으로 내부 공기층의 길이를 길게 만들어서 종의 고유주파수와 공명주파수를 일치시킬 수가 있다. 오늘날에는 그림 5-29과 같이 공명파에 대한 컴퓨터 음장해석을 통해서 명동의 크기에 따른 공명효과를 예측하여 최적의 명동을 설계할 수 있다. 옛날에는 실험적 방법과 경험에 근거하여 적절한 크기

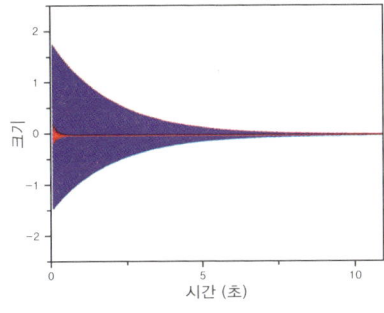

그림 5-30_공명효과 (붉은색은 공명 전, 청색은 공명 후)

그림 5-31_냉장고와 에어컨의 압축기

의 명동을 설치했을 것으로 추정된다.

저자들은 이러한 공기층의 공명 원리를 그림 5-31처럼 모 전자회사에서 냉장고용 압축기 등의 소음을 저감시키는데 적용했다. 압축기 셸은 종처럼 원통형 모양의 강판이며 그 내부 공간에서 압축기의 펌프소음이 공명되어 큰 소음이 발생할 수 있다. 이 경우 종에서와는 반대로 공명에 의하여 소리가 커지지 않도록 공간의 크기와 형상을 설계함으로써 소음을 줄이고 조용한 환경을 만들 수가 있다.

음통

음통은 음관이라고도 불린다. 종의 상단인 천판을 관통하는 관을 의미한다. 그림 5-32는 상원사종의 음통이다. 용뉴의 허리와 다리의 중간 부위와 일체가 되어 천판을 관통하는 큰 피리 모양의 원통 형상을 보인다. 음통은 속이 비어 있어서 종 내부의 소리를 관을 통해서 밖으로 전달하는 신라종에만 있는 독특한 조형물이다.

음향학적으로 음통은 타종 직후에 발생하는 고주파 음들을 빨리 감소시켜서 잡음을 작게 만드는 음향필터의 역할을 할 수

그림 5-32_상원사종의 음통

있다.[19] 성덕대왕신종의 음통은 64Hz와 168Hz의 주요 음에 대해서는 막힌 관과 같은 역할을 하고, 300Hz 이상의 높은 음은 효과적으로 외부로 방사시켜주는 필터 역할을 한다.[20] 또 다른 연구에 따르면 음통은 공명전달 효과를 만들어 특정 주파수 음을 공명시켜 잘 전달할 수도 있다. 성덕대왕신종의 음통의 길이는 77cm인데, 그 길이가 96cm가 되면 168Hz의 공명전달 조건을 만족해서 종소리의 기본음이 음통을 잘 통과하여 멀리 퍼져나갈 것이라는 주장도 있다.[21]

그러나 음통의 구경은 5~10cm 정도로 소리를 방사하는 종 전체의 면적에 비해 매우 작다. 또 예상과 달리 종내부의 소리는 종 외부에서 방사되는 소리에 비해 오히려 작다. 현실적으로 내부로부터 음통을 통과하는 음향은 종 외부에서 방사되는 음향에 비해 상대적으로 미미할 것이다. 음통은 앞에서 언급한 만파식적의 상징적인 의미가 더 클 것으로 보인다.

구조공학의 측면에서 음통은 용뉴와 더불어 범종을 종각에 지지하는 지주 역할을 하는 것도 중요하다. 그림 5-32에 보이는 상원사 종의 음통은 용뉴와 고리로 연결되고 여기에 걸쇠를 끼워 종의 중량을 지탱하게 된다. 음통이 종 중량과 타종에 따른 충격하중을 받아내기 위해서 용뉴 옆에 설치되었을 것으로 추정할 수 있다.[22]

7 재질과 소리

우리종은 예로부터 주석청동Tin bronze, 즉 주석과 구리의 합금으로 주조되었다. 주석청동의 기계적 성질과 주조성 등은 주석함량에 따라 다르며 종의 음향에도 큰 영향을 미치는 요소다. 청동의 화학적 조성에서 주석의 함량을 조절하는 일은 매우 중요하다. 주석 함량의 증가는 청동 재료를 딱딱하게 만들어 결국 종의 고유주파수를 높여 고음화시키는 방향으로 작용한다.

이런 이유로 동양종에서는 주석을 13%~15% 정도 함유한 청동으로 주조하여 낮은 부드러운 음색의 타격음과 긴 여음을 만들어 낸다. 반면 서양의 교회 종은 20%~25%의 주석을 함유한 청동으로 만든 결과, 매우 높은 고음이며 여음이 짧은 특징이 있다.

주석 함량은 쇳물을 용해하는 과정에서 산화에 의해 감소하게 되므로 이를 감안해서 그 함량을 조절할 필요가 있다. 오늘날 주조 전문가는 많은 종의 주조 경험과 데이터를 통하여 종의 크기에 따라 용해 전후의 주석 함량을 적절하게 조절함으로써 우리종 특유의 맑고 부드러운 소리를 만들어 낸다.

6
신라종

삼국시대는 우리 민족이 자랑스럽게 생각하는 국력과 문화를 보여주었다. 놀라울 정도로 뛰어난 과학기술을 보유하고 발전시켰으며 종교와 예술과 과학기술이 조화를 이룬 뛰어난 문화적 유산을 남겼다. 신라는 기원전 57년에 박혁거세가 세웠다. 당시 중국은 한漢나라(기원전 206년~220년)가 통치하고 있었다. 신라는 초·중기에는 고구려, 백제 등과 겨루며 국력 증강에 힘을 경주했고, 668년에 삼국을 통일했다. 통일 후에는 당나라(618~966년), 백제·고구려의 기술을 신라의 기술로 승화시켰다.

신라는 불교를 국교로 삼고, 불교 교리에 의한 교화에 주력함과 동시에 왕실이 주도하여 황룡사의 구층목탑, 불국사의 다보탑과 석가탑, 석굴암, 봉덕사 등 뛰어난 건축물을 지었다. 황룡사종, 봉덕사종(성덕대왕신종) 등의 대종과 금동반가사유상의 주성도 이어졌다. 그 외에도 첨성대, 포석정, 황남대총과 천마총의 금관, 금 귀걸이 등 수많은 문화유산을 남겼다. 이중에서 성덕대왕신종과 첨성대, 포석정 등은 현대에도 놀랄만한 과학기술문화를 보여준다.

647년(선덕여왕 16) 백제의 장인 아비지阿非知가 건립한 첨성대에서는 천체 관측이 이루어졌고 풍년을 기원하는 제사도 지냈을 것으로 추정하고 있다. 그림 6-1의 첨성대는 두 곡선과 두 직선으로 이루어진 유연하고 아름다운 반곡선 형태의 세계 어디에서도 볼 수 없는 독특한 석조물이다. 전체 형태와 크기, 석재의 최적 처리와 배치, 역학적 안정성과 기능성, 예술성을 고루 갖추었다.

879년(헌강왕 5) 이전에 만든 포석정은 신라의 왕과 대신들이 술을

그림 6-1_첨성대와 포석정

마시며 시를 읊고 즐겁게 논 곳이다. 그림 6-1에 보이는 포석정에서는 아름다운 곡선 통로를 따라 굽이굽이 흐르는 물에 띄워진 술잔이 돌다가 각자 앉은 자리 앞의 와류渦流가 생긴 곳에서 맴돌면, 이 술잔을 들어 마시며 시 한 수를 짓기로 하고, 시를 못 지으면 벌주를 마신 것으로 유명하다. 흐르는 곡수에 술잔을 띄웠을 때, 잔이 흘러가다가 어느 자리에서 맴돌게 할 수 있었던 것은 첨단 공학이론인 유체流體 역학의 와류 현상을 정확하게 파악하고 있었던 증거다. 포석정 곡수 통로가 실험과 컴퓨터 시뮬레이션을 통해서 과학적이며 최적으로 설계되었다는 것이 증명되었다.[1] 여러 문화재를 통해 입증된 빼어난 신라의 과학기술은 신라종에서 더욱 빛을 발하고 있다.

신라종은 당시 여러 외국종이 따라올 수 없을 정도로 독창성이 높고, 예술성과 사상(종교 등), 과학기술이 집약되어 있다.[2] 그러나 전쟁, 화재, 자연재해, 약탈에 의해 상당수의 종이 소실되거나 망실되었다. 현재 9개의 범종이 국내외에 소장되어 있다. 이중 4개는 일본에 있다.

신라종은 시대가 흐름에 따라 세부 문양이나 주악 비천에 변화가 있다. 성덕대왕신종만 비천상이 네 군데 있고, 다른 종은 두 군데 있다. 어느 종이나 단좌비천상(성덕대왕신종, 청주박물관 신라종, 송산촌대사종, 광명사종 등)이나 병좌쌍비천상(상원사종, 선림원종, 실상사종, 운수사종 등)이 두 군데 있는 것이 공통점이다. 구름 위에 앉은 주악비천상의 자세는 성덕대왕신종의 비천상처럼 무릎을 꿇은 모습에서 점차 몸을 옆으로 돌리는 모습으로 바뀌었다. 9세기 초에 만들어진 종의 경우 선림원종의 비천상처럼 구름 위에 별도의 연화대가 첨가되는 것을 볼 수 있다. 비천상의 악기는 공후箜篌와 생황笙簧, 횡적橫笛과 요고腰鼓가 중심으로 가장 많이 등장한다. 그러나 성덕대왕신종의 비천상만은 성덕대왕의 명복을 기원하는 원찰의 신종神鐘이므로 악기 대신 공양을 올리는 모습이다. 9세기 이후 종의 경우 중요한 특징의 하나가 주악상이 독립 주악상으로 변화되어 요고와 횡적을 각기 나누어 연주한다는 점이다. 아울러 전체적으로 주악상이 왜소해지면서도 섬약하게 표현되는 동시에 비파와 같은 전에 볼 수 없는 악기도 등장하고 있다. 신라 경순왕 재위 때(927~935년)에 주성된 청주박물관 신라종에서 볼 수 있듯이 10세기에 들면서 통일 신라종의 웅건함이나 화려한 모습은 자취를 감추고, 규모가 축소되면서 주악상의 모습은 조각이 거칠어지고 도식화되는 등의 변화를 맞았다. 10세기 초(904년)의 송산촌대사종에서부터 보이는 종신의 네

모꼴의 명문銘文 테두리는 이후 고려시대 범종의 새로운 양식적 특성으로 자리잡는 또 다른 변화다. 이후 고려종에는 천흥사종(1010년)처럼 장방형의 명문 테두리가 위패형으로 바뀌어 별도의 문양처럼 장식되는 것을 볼 수 있다.[3]

1 상원사종

1) 유래와 명문

유래

상원사上院寺는 수려한 오대산 자락에 자리잡은 월정사(강원도 평창군 진부면 동산리)에서 10km 거리에 있다. 상원사종은 예술성이 높은 종의 형태와 조각, 문양은 물론 아름다운 종소리로 국내 최고의 종으로 사랑을 받아왔다. 이 종이 상원사의 종각에 걸리게 된 이면에는 여러 가지 우여곡절이 있다. 예부터 많은 전설과 이야기가 따

그림 6-2_상원사종. 왼쪽_ 종각/ 오른쪽_ 상원사종. 이 종은 종각 안에 있고, 종각 오른쪽에 새종이 있다.

그림 6-3_목조문수동자상과 오대산 상원사

라 다닌다.

상원사는 세조의 원찰이었다. 혜각존자慧覺尊者 신미信眉 스님은 왕의 건강과 국태민안을 기원하며 기울어져 가는 절을 중창하고 낙성식을 가졌다. 이때 세조가 강원도 순행에 나서 절에 들렀다. 잠시 짬을 내 주위의 사람을 물리고 숲속 개울에서 목욕 할 때 문수보살이 옥체를 닦아주었다. 세조는 "왕의 몸을 씻어주었다고 하지 말라."고 했고, 동자는 "문수보살을 친견했다고 하지 말라."고 한 뒤 홀연 사라졌다. 세조가 크게 놀라 화공을 시켜 직접 본 동자의 얼굴을 그리게 하고 봉안했다. 지금의 상원사 문수동자상(국보 제221호, 높이 98cm)이 바로 이것이다. 세조의 사위인 정현조와 의숙공주가 1466년(세조 12) 2월에 왕과 왕비·왕세자의 수복壽福을 빌고 득남을 발원하며 왕실에서 조성, 낙성 개당식에 맞춰 봉안했다.[4]

세조의 국상 때인 1469년(예종 1) 학열學悅 스님이 안동 관아에 걸려 있던 신라종을 상원사로 옮긴 사실이 경북 안동의 『영가지永嘉

誌』(권6)의 「고적 누문고종조古跡 樓門古鐘條」와 『예종실록』에 남아 있다.

> 강원도 상원사 내원당에 모실 종을 팔도에서 구했다. 안동 본부의 종이 최상의 후보로 선정되었다. 나라의 명으로 이운하여 죽령 고개를 넘으려 할 때 움직이지 않았다. 종의 종유鐘乳 하나를 떼어내 안동에 보낸 뒤 옮길 수 있었다. 지금 상원사에 있다.[5]

상원사의 큰 법당은 해방 직후 화재로 소실되었다. 이때 불이 종각에 옮겨 붙을 지경에 이르렀다. 방한암方漢岩 스님은 물을 구할 수 없게 되자 서둘러 장독의 장으로 불을 끄게 해서 종이 화재를 피할 수 있었다. 이후 한국전쟁이 일어나고 2차 후퇴 때 스님은 피난을 가라는 군 당국의 명령을 거절하고 상원사에 머물며 몸소 종을 지켰고, 이곳에서 열반했다. 만약 다른 절과 같이 당국의 오대산 소각 작전 명령에 따라 스님들이 완전히 퇴거하여 절을 비웠다면 상원사는 물론 종도 타버렸을 것이다. 월정사가 타면서 선림원에서 옮겨와 보관하고 있던 신라종이 파괴된 것을 보아도 알 수 있다.

1976년 하부의 종구鐘口의 균열을 실측 중에 발견, 타종의 중지를 요청했다. 그 후 타종이 중지되었고, 1979년 용접에 성공했다.[6] 1983년 상원사종과 꼭 같은 새 종을 만들어 아침, 저녁으로 예불에 쓰고 있다. 그림 6-2의 좌측 사진에서 원래의 상원사종(그림 6-2 왼쪽 종)은 누각의 유리벽 안에 봉안해 두고 1년에 1~2회만 타종한다.

명문

상원사종은 우리나라에 남아 있는 가장 오래된 종이다. 신라 성덕대왕의 명으로 725년에 만들었다. 종의 구경은 90.3cm, 종의 높이 167cm, 하부 두께 4.8cm다. 명문에는 주성 연대와 중량, 주종 감독자, 시주자의 이름이 기록되어 있다. 일반적으로 종의 명문은 종 표면에 새기는데, 상원사종은 천판 위에 새겼다. 용뉴의 오른쪽과 왼쪽에 모두 8행에 걸쳐 70자가 음각으로 오목새김되어 있다. 오랜 세월에 명문이 마모되어, 몇 글자는 판독하기가 어렵다. 아래의 해설에서는 판독이 어려운 글자를 □로 표기하였다. 상원사종의 명문에 대해 많은 연구가 이루어졌고, 불명확한 명문 한자의 판별과 해석에도 일부 차이가 있다.[7,8,9,10,11]

● 오른쪽 명문
開元十三年乙丑三月(개원십삼년을축삼월)
八日鐘成記之都合鍮(팔일종성기지도합유)
三千三百鋌□□普衆(삼천삼백연□□보중)
都唯乃孝□直歲道直(도유내효□직세도직)
번역 : 개원 13년 을축(725년) 3월 8일에 종이 완성되어서 이를 기록한다. 들어간 놋쇠가 도합 3,300정이다. □□(글자를 양중兩重으로 읽은 연구도 있으나, 문맥으로 보아 주지를 뜻하는 글자라고 추정한 연구가 많다.)는 보중이다. 도유내(삼국사기에 의하면, 신라 진흥왕 때에 두었던 승려의 직제 중 하나인 都唯那가 총감독이나 사무감독을 뜻하므로 도유나로 읽어야 한다는 연구도 있다.), 즉 총감독은 효□가, 직세, 즉 조역으로 한 해 살림살이를 담당하는 직책은 도직이 맡았다.

● 왼쪽 명문
衆僧忠七冲安貞應(중승충칠충안정응)
旦越有休大舍宅夫人(단월유휴대사댁부인)
休道里德香舍上安舍(휴도리덕향사상안사)
照南毛匠仕□大舍(조남택장사□대사)

번역 : (참여한)일반 스님은 충칠, 충안, 정응이다. 단월(시주)한 사람은 유휴대사택 부인 휴도리(리里는 고위직 부인에게 쓰는 존칭)와 사상의 관직에 있는 덕향의 부인 안사다. 조남택의 장인인 사□ 대사(관직 명)가 주조하였다.)

오른쪽 명문에서 "도유내 효□가 한해의 살림을 맡아 감독했다. 직세는 도직이다."로 번역한 연구와 "시주한 사람은 유휴대사택 부인, 휴도리에 거주하는 덕향, 사상의 관직에 있는 안사다."와 "시주한 사람은 유휴사택 부인인 휴도리와 덕향과 사상과 안사다"라고 번역한 연구도 있다. 도직도 일정한 길목에서 경비하며 지키는 직책이므로, 이름보다는 직책으로 이해해야 한다는 설도 있다.

왼쪽 명문 하단부의 탁毛은 택宅의 생략글자이며, 귀족의 대저택이나 지역이나 뜻하는 명칭으로도 쓰여서 조남(지명) 대저택으로 해석해야 한다는 연구도 있다. 명문 사진에서 보듯이 장匠자도 술述자처럼 보여서 술述로 읽은 연구도 있다. 사□도 사국仕□,仕国, 사사仕絲로 읽은 연구도 있다.

상원사종의 명문은 중국풍의 해서로 썼다. 신라 시대의 중국풍은 고풍古風의 북위풍과 신풍新風인 안진경풍으로 구분되는데, 상원사종 명문은 차분하고 절제된 느낌을 주는 북위풍 해서로 썼다. 한편, 성덕대왕신종의 명문은 전면에는 정방형 자형의 안온한 느낌이 있는 안진경풍의 해서로, 후면에는 행서로 썼는데, 곡선미가 돋보이는 범종의 형태와 조화를 이룬다고 한다. 9세기의 연지사종의 명문은 이러한 중국풍의 서체가 부분적으로 유지되지만, 모든 형태의 자형이 고루 섞인, 독자적 분위기를 풍긴 해서로 썼다. 특히 10세기의 신라종인 송산촌대사종의 명문은 완연한 독자풍의 해서로 썼는데, 이 명문은 행서의 필의가 가미된 붓의 움직임, 장방형 자형, 글자 상부의 거침없는 삐침과 파임으로 더욱 노련하고 생동감이 넘치는 독자적 서풍을 보인다.[12]

2) 구조와 특징

용뉴와 음통

그림 6-4에서 볼 수 있듯이, 상원사종의 용뉴와 음통은 우리나라 범종 중 가장 조형미가 뛰어나다. 종 몸체에 비해 현저히 큰 용두는 타종에 놀란 듯한 큰 눈, 오똑 선 귀와 날카로운 뿔, 크게 벌린 입, 날아오를 듯한 힘찬 발과 다리 등이 인상적인 걸작이다. 음통의 높이는 약 38cm이고, 외관은 마디 있는 대나무 통 표면에 연꽃을 수놓은 것 같은 보상화문寶相華紋을 새겼다. 표면의 문양은 밀납 주형법으로 주조되어 우아하며 선이 정교하고 섬세하다. 음통 내부에는 약 7.5cm의 뚫린 공간이 있고 천판을 통해 막히지 않고 내부 공간과 연결되어 있다.

상·하대와 유곽, 주악비천상

상원사종은 돋을새김으로 된 모형판板인 지문판地紋板을 만들고 이를 사용해서 문양을 찍어, 상대와 하대의 띠로 조립한 거푸집을 만들고 주조했다. 상대에 사용한 지문판은 상부와 하부에 연주대가 있고, 중앙에는 위쪽을 향한 반원의 2중으로 된 꽃무늬 윤곽이 있

그림 6-4_상원사종/ 왼쪽_ 용뉴/ 오른쪽_ 음통

다. 내부에 있는 반원 안에 두 사람의 비천상이 피리인 횡적橫笛과 거문고와 비슷한 13현의 쟁箏을 각각 갖고 있다. 반원의 밖에는 당초문이 배치되어 있다. 하대에도 상대와 유사하게 상·하측에 연주문양이 장식되어 있고, 상측 중앙에 2중으로 된 꽃무늬의 반원의 윤곽이, 내부에는 네 사람의 비천상이 각각 대나무로 만든 하모니카형의 취嘴악기와 피리, 4~5현의 현악기인 비파琵琶 등을 가지고 주악하고 있다. 하대 반원권의 외측에는 상대와는 약간의 차이를 가진 당초문이 섬세하게 배치되어 있다.

　유곽은 외측을 구성하는 유곽 대와 내부에 있는 젖꼭지 모양의 종유鐘乳로 구성되어 있다. 유곽은 당좌와 좌우 비천상 사이에 상대에 인접하여 사다리꼴 유곽 4개가 45° 방향에 배치되어 있다. 좌우측 유곽대의 중앙부에는 외측을 향한 꽃무늬 2중 윤곽의 반원권이 있다. 내부에는 각각 1개의 비천상이 있고 반원의 외측은 당초문양으로 장식되어 있다. 하측 유곽대의 중앙에 있는 반원권 유곽대에는 굴곡된 피리 모양의 관악기인 생笙과 타악기 장구인 요고腰鼓를 가진 두 사람의 비천상이 배치되어 있고, 바깥은 당초문양으로 이어져 있다. 유곽대 내부에는 연화문 유좌를 갖는 돌출융기형의 종유가 3개 3줄로 9개가 배치되어 있다. 종유는 젖꼭지 모양이라고 해서 유두乳頭라고 부른다. 상원사종 유곽에서 종유군群의 입체미는 국내 최상이다.

비천상은 종의 당좌좌우에 각 한 쌍씩 2인조의 쌍주악雙奏樂으로 구성되어 있다. 구름을 타고 천의를 휘날리며 주악하는 모습이다. 2인조가 되어 좌측은 공후, 우측은 생의 악기를 갖고 종소리와 함께 향연을 베푸는 평화로운 분위기를 연출하고 있다.

당좌

당좌는 연화문양으로 종의 배 부분의 앞과 뒤에 각 1개씩 2개가 배치되어 있다. 당좌 중앙부에는 19개의 씨방인 자방子房이 있고 자방의 밖에 두 겹의 원인 2중륜과 수술이 있으며, 그 외측에 여덟 꽃잎이 겹으로 있는 연꽃잎이 둘러싸고 있다. 연주문대와 연주문대 사이에 섬세한 당초문양이 아름답게 장식되어 있다.

3) 음향

상원사종의 음색에 대해 『영가지』에서 "종소리가 웅장하고, 깊었다. 멀리 100리까지 들린다."고 격찬했다. 그림 6-5는 용접 수리된 상원사종의 종소리 파형이다.[13] 이 종의 독특한 특성은 소리의 전반부인 타격음에서의 맥놀이와 후반부인 여음에서의 맥놀이가

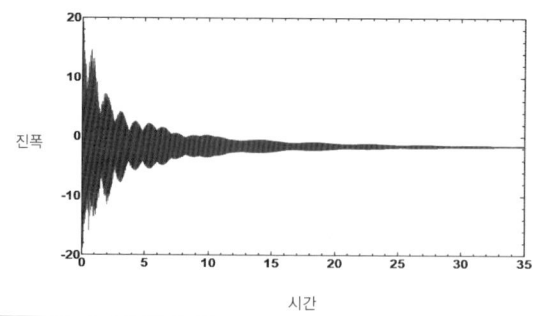

그림 6-5_상원사종의 맥놀이

동시에 발생하며 소리의 역동성을 이어간다. 그림 6-5를 보면 타격 이후 고주파수 성분은 빨리 사라지고, 1.1초 주기의 청명한 2차음의 빠른 맥놀이가 들린다. 이 청명하고, 힘찬 맥놀이는 기본음인 2차 주파수 쌍인 290.34Hz, 291.28Hz의 근접한 성분이 만든다. 이 기본음의 힘찬 맥놀이는 소리의 웅장함을 높이면서 10초 정도 지속되다가 사라지고, 이후 웅장한 낮은 음의 여음이 이어진다. 여음은 단조롭지 않고 4.5초의 적절한 주기로 힘차게 "우~웅"하며 이어진다. 이 여음의 맥놀이는 1차음의 주파수 쌍인 105.50Hz, 105.72Hz의 두 성분이 만든다. 맥놀이 이론에 따라 주파수 차이인 0.22Hz의 역수를 취하면 4.5초의 주기가 나온다. 긴 여음은 힘찬 맥놀이로 인해 멀리서도 오래 들을 수 있다. 이러한 우수한 소리 특성은 오늘날 현대 주조기술로도 재현하기 어렵다.

참고로 용접 전에 균열이 있는 상원사 종소리의 1차 고유진동수는 102Hz, 2차 고유진동수는 292Hz였다. 여음의 맥놀이 주기는 0.5초였다. 균열로 인해 비대칭성이 커지면서 맥놀이 주기가 짧아졌다.

2 성덕대왕신종(봉덕사종)

1) 유래

성덕대왕신종은 771년(혜공왕 7)에 주성된 현존하는 신라종 중에서 두 번째로 오래된 종이다. 현재 국립경주박물관에 있다. 봉덕사종으로 불렸으며, 일명 에밀레종이라고도 한다. 예술성과 과학기술면에 있어서 세계 최상의 종으로 인정받고 있다. 그림 6-6에 보인 이 종은 구경 223cm, 전고 366cm, 두께 20cm, 음통고 65cm의 거대한 종이다. 신라가 삼국을 통일한 후 성덕왕(34대), 효성왕(35대), 경덕왕(36대) 때 불교가 가장 융성했다. 성덕왕이 승하한 후 738년(효성왕 2)에 성덕왕의 명복을 기원하기 위해 봉덕사를 건립했다. 경덕왕도 선왕의 명복을 빌기 위해 동(정동) 12만 근을 모아 주종사업을 하다가 이루지 못한 채 승하했다. 혜공왕이 부업을 이어 주종을 마무리했다. 절의 건립에서 범종의 완성까지 34년의 세월이 걸렸다.

신라의 국운이 기울어짐에 따라 불교는 고려에 전승되어 명맥을 이어갔으며, 신라시대 전성기에 위용을 떨쳤던 봉덕사종은 국가의

그림 6-6 성덕대왕신종 전경

흥망성쇠와 운을 같이했다. 특히 조선조에 들어와 배불숭유로 국책이 바뀐 후부터 쇠퇴일로를 걸었다. 봉덕사도 조선조 초에 홍수로 극심한 피해를 입어 절의 건물은 유실되고 종만 남았다. 1460년(세조 6)에 경주부윤 김담金淡이 인근의 영묘사(靈廟寺 : 경주시 성곤리)로 옮겨 걸었다. 1506년(중종 원년)에 당시 부윤으로 있던 예춘년芮椿年이 봉황대鳳凰臺 밑에 종각을 짓고 성문을 열고 닫을 때나, 정오를 알릴 때 이 종을 쳤다고 한다.[14] 그 후 1915년 8월, 경주고적보존회에서 종과 종각을 봉황대에서 구경주박물관으로 옮겼다. 1934년 국보로 지정되었고, 1963년에 국보 제29호로 재지정되었다. 1973년에 국립경주박물관에 옮겨 오늘에 이르렀다.

성덕대왕신종은 동양의 청동문화의 정수를 보이는 가장 웅장하고 아름다운 세기의 명종이며, 금속공예의 금자탑으로 많은 학자의 연구 대상이 되어 왔다. 이와 같은 문화유산을 갖고 있다는 것은 우리 민족의 우수성을 후손에게 보여주며, 문화민족의 긍지를 깊이 심어주는 원천이 되고 있다.

2) 구조와 조각, 문양[15]

성덕대왕신종은 상원사종과 같이 단용으로 만들어진 용뉴와 음통, 상대, 하대, 유곽, 당좌, 비천상 등 기본적으로 모두 같은 형식이다. 종 하부가 팔능八陵으로 되어 있는 것은 중국종의 양식을 이 종에 약간 도입했다고 추정할 수 있다.

용뉴와 음통

용뉴는 오른쪽 발은 위쪽, 왼쪽 발은 전방 좌측에 버티고 있다. 전체적으로 용과 비천상의 자세는 물론 조각의 힘차고 기백 있는 모습은 서로 조화를 이룬다. 섬세하고 미려한 조각은 세기의 걸작품이다. 음통은 큰 피리 모양의 원통으로 용뉴의 허리와 다리 부분의 중간 부위와 일체가 되어 천판에 설치되어 있다.

천판, 상대 · 하대, 유곽

천판은 종체의 상부를 구성하는 천정 부분이다. 종신 옆면 최상부에 28cm 폭의 띠 모양으로 조각된 상대에는 불교에서 이상화한 꽃문양인 보상화문이 돋을새김되어 있다. 하대는 우리종에서 희귀하고 보기 어려운 완만한 팔능형으로 되어 있고 폭은 약 30cm이며 아름다운 곡선미를 갖고 있다. 하대 내부의 8개 능부 중앙에는 직경 22cm의 연화문이 각각 1개씩 배치되어 있고 그 사이를 아름다운 보상화문으로 장식했다. 많은 외국학자가 아름다운 문양의 예술 수준을 극찬하고 있다.

이와 같은 배경에는 신라의 불교미술 수준이 당시 최고로 발전되어 있었고 또 거푸집의 모형인 지문판 제작기술과 청동공예 기술이 전성기였다는 역사적인 증거와도 상통한다. 유곽은 용두를 기준으로 종 천판 중심에서 볼 때 좌우 45°와 135° 방향에 위치한 상대의 바로 아래 네 곳에 배치되어 있다. 상원사종과 형식이 동일하다. 각 유곽대의 내, 외측 경계에는 연주문대가 배치되어 있다. 유곽대는 상대·하대와 동일한 보상화문으로 장식하고 있다. 유곽 내부에는 종/횡으로 3열 배치된 9개의 유가 있고, 유두는 평유이며 그 중앙에 각각 6개의 연꽃 씨를 갖고 있다.

당좌와 비천상

당좌는 종을 타격하는 부위다. 종을 설계할 때 미리 위치 등을 정해서 8개의 잎으로 된 보상화문을 2중으로 겹친 아름다운 연꽃문양으로 주조되었다. 신라종의 고유한 용두방향을 기준으로 종의 전후

방에 각각 1개씩 두 곳에 배치되어 있다. 당좌 중앙부에는 씨방이 8개가 배치되어 있다. 향로를 받들고 내려오는 천인을 묘사한 섬세하고 미려하게 조각된 비천상이 있어 전체적으로 조화와 균형을 이룬다. 그림 6-7의 비천상은 구름 위의 연화좌에 무릎을 세우고 보상화를 피어오르게 하고 하늘위에서 바람에 옷자락을 휘날리며 공양하는 아름다운 보살로 묘사되어 있다.

그림 6-7 성덕대왕신종 비천상

명문

종의 몸체에 630자로 된 서문과 200자의 명문이 돋을새김되어 있다. 신라종의 명문의 효시로 성덕왕의 공적을 칭송하고, 절의 명칭, 건립 연대와 주종에 참여한 장인의 이름이 명기되어 있다. 771년(혜공왕 7) 12월 14일, 한림랑翰林郎 김필오金弼奧가 왕명을 받들어 함부로 다룰 수 없는 신비한 종소리를 녹여 넣었다.

> 지극한 도는 형상의 바깥을 포함하므로 보아도 그 근원을 볼 수가 없으며, 큰 소리는 천지 사이에 진동하므로 들어도 그 울림을 들을 수가 없다. 이에 가설을 열어서 삼승의 심오한 가르침을 관찰하게 하고 신령스런 종을 달아

일승의 원만한 소리를 듣게 했다. 종소리는……텅 비어서 능히 울리되 그 반향이 다함이 없고, 장중해서 옮기기 힘들며, 그 몸체가 주름잡히지 않는다.……모든 중생이 지혜의 바다에서 함께 파도치다가 같이 세속을 벗어나 아울러 깨달음의 길에 오르라.……듣는 이나 보는 이가 모두 믿음을 일으켜 꽃다운 인연을 진실로 씨뿌렸다. 원만하게 빈 속에 신기한 몸체가 바야흐로 성인의 자취를 드러내었다. 영원히 큰 복이 되고 항상 장중하리라.

서문은 해서체로 한림대翰林臺 서생書生인 대나마大奈麻 김부환金符皖이 쓰고, 명문은 행서체로 대조待詔인 대나마大奈麻 요단姚湍이 썼다.[16]

3) 중량 12만 근에 대하여

성덕대왕신종은 공식적인 실제 중량의 발표가 없어 "이 종의 중량이 얼마일까." 많은 사람이 오랜 기간 궁금하게 생각했다. 종의 명문에는 주종에 청동 12만 근이 쓰였다고 기록되어 있다. 12만 근을 현재의 도량형기에서 1근=600그램으로 환산하면 72톤 = 72000kg이다. 실제 무게는 종 크기로 미루어 볼 때 72톤보다 훨씬 적을 것으로 추정되어 왔다. 국립경주박물관의 실측 결과 18.9톤이었다. 신라 문무왕 때 처음으로 양형제量衡制가 당제唐制에 따라서 옛 3근을 1근으로 개정했다. 이때 개정된 신량체와 형기의 표준은 당나라의 표준량에 따라 개정하지 않고 우리나라 고유의 표준량을 기준으로 하여 정했다. 종래의 1근은 소근小斤으로 하고 실제 한근은 대근으로 하여 소근의 3배로 했다. 성덕대왕신종의 동 중량이 소근을 사용했다면 12만근=24톤이다.[17] 동의 용해와 주조 중에 손실되는 쇳물의 양을 고려할 때 용해에 사용할 수 있는 쇳물은 이보다 상당히 적을 것이므로 종의 실제 중량인 약 19톤에 잘 맞는 중량이다.

4) 종높이의 규격에 대하여

이 종의 명문은 많은 학자가 해독했다. 그 중에서 종 규격 표시인 '욕주일장종일구欲鑄一丈鐘一口'는 종래 일본인들이 '일대종일구一大鐘一口'로 해석했으나 그 후 국내학자들이 본래의 뜻대로 '대'를 '장'으로 바로잡았다.[18] 명문에 명시된 일장一丈의 종, 즉 10척尺의 종이 주성되었다. 종은 실제로 주성 과정에서 팽창, 수축하며 설계한 치수와 차이가 생긴다. 당좌, 비천상, 유곽 등도 완전하게 대칭이 되지 않으므로 측정 위치에 따라서 실측치의 값이 차이가 날 수 있다. 실측치는 표 6-1과 같다.

현재 치수 체계로 1장=10척=303cm다. 종신고의 실측치는 303-307.5cm이므로 명문의 신라시대의 1장(10척) 종의 종신고 303cm와는 차이가 크지 않다. 신라에서는 중국의 당나라 도량형기를 사용한 것으로 일부 보고서에 기록되어 있다. 당나라 대척大尺의 1

표 6-1_성덕대왕신종 중요 치수(단위 : mm)

측정 항목	홍사준(『범종』 제1호)	염영하(『범종』 제6호)
구경口徑	2,273	2,227
종견고鐘肩高	2,878	2,925
종신고鐘身高	3,075	3,030
종전고鐘全高	3,650	3,663

척=29.7cm이고, 주척周尺의 1척=21.6cm다. 성덕대왕신종을 만들 때 당척이 사용되었다면 실측된 종견고(2,925cm)는 9척9분, 종신고(3,030cm)는 10척2분에 해당되어 명문의 당척 기준 1장(10척) 종 규격이 타당함을 보여준다.

5) 에밀레종의 전설과 소리

성덕대왕신종은 에밀레종이라고도 불린다. 종소리의 여운이 "에밀레"와 비슷해서 얻은 다른 이름이다. 경덕왕(재위 742~764)이 온갖 기술과 정성을 다하여 종을 주조했으나 때로는 균열이 생기고 조각과 문양이 섬세하게 나오지 않았다. 좋은 종을 만들려면 끓는 쇳물에 어린 아이를 바쳐야 한다는 말이 돌았다. 전국에 시주승을 보냈다. 한 민가의 아낙네가 아이를 안고 "시주할 것이라곤 아이밖에 없다."고 얘기했다. 희생을 바친 뒤 종이 완성되었다. 종소리는 아름답게 울려 퍼지는데 소리가 끝날 즈음 어린 아이가 어미를 찾으며 우는 듯 "에밀레, 에밀레……" 하는 소리를 냈다.[19]

혜공왕은 선왕의 유지를 이어 6년간의 시간과 공력을 쏟아 부어 종을 완성했다. 종을 만드는 힘든 과정과 종소리가 너무나 아름답고 종소리의 여운이 마치 애달프게 호소하는 것 같은 미묘함에서 전설까지 생긴 것 같다. 지금도 아이가 희생된 전설을 두고 엇갈린 견해가 팽팽하다. 전술한 바와 같이 쇳물의 탈산과 유동성을 높이기 위해 동물이나 인간의 뼈를 넣었던 옛 풍습과 연관된 이야기로 이해할 수 있다.

종소리

웅장하면서도 조화롭고 깊이가 있는 신비의 종소리는 에밀레종 전설의 배경이 되고 있다. 타종 순간에는 50여 개의 낮고 높은 부분음이 한꺼번에 어울려 깊고, 맑고 웅장한 소리가

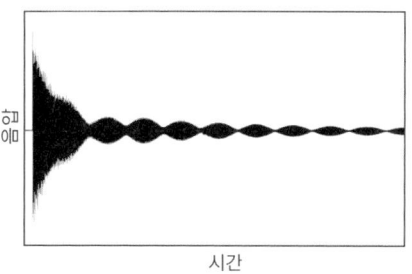

그림 6-8_성덕대왕신종의 맥놀이

만들어진다. 성덕대왕신종의 타격음은 그 조화로움으로도 유명하다. 정량화된 종소리 평가에 따르면 동양종 가운데 가장 높은 종소리 평점을 보인다.[20] 이는 많은 부분음이 잘 어울리는 데 기인한다. 무엇보다도 이 종소리의 신비함은 천지를 진동시키는 듯 포효하고 사라지는 듯하다가 다시 살아나는 기본음의 완벽한 맥놀이가 만든다.

그림 6-8은 성덕대왕신종의 음향 파형이다. 전반부 타격음에서는 168Hz의 웅장한 2차음 맥놀이가 빠르지 않은 9초의 주기로 매우 강렬하게 발생한다.[21] 그 이유는 당좌가 최적의 맥놀이를 낼 수 있는 지점에 위치해서다. 시간이 지나면 64Hz의 낮은 여음만이 남아 길게 이어진다. 여음에서는 약 3초 주기의 맥놀이가 반복되며 종이 마치 살아 숨쉬는 듯한 느낌을 준다. 최적의 맥놀이 특성을 얻으려면 문양과 조각을 배치하는 이론적 기술과 주조 오차를 최소화하는 등의 복합적 기술이 필요하다. 성덕대왕신종은 이 특성을 완벽하게 갖추고 있다.

3 청주박물관 신라종

1) 유래

　청주박물관 신라종(보물 제1167호)은 파손되지 않은 채 현존하는 3개의 국내 신라종 중의 하나다. 이 종에 대한 체계적인 연구보고가 없었으나 2008년 『청주 운천동 동종 보존처리 보고서』[22]가 발간되어 상세한 내용이 알려졌다. 이 종은 1984년 충북 청주시 운천동의 가옥 신축 공사장에서 터파기 중 지표 아래 약 70cm에서 가로로 눕혀진 상태로 발굴되었다. 동종 안에 금고 1점, 금동보살입상 1점, 향완 2점, 유제발 2점이 들어 있었다. 이 종은 주조 중 생긴 기포나 다른 이유로 생긴 구멍이 있고 장기간 묻혀 있던 관계로 눕혀져 있던 아래쪽 면이 다소 납작하게 변형되어 있어서 실제로 타종되지는 않은 종으로 추정되나 종교, 문화 예술 자료로서의 가치가 크다.

　신라종이라는 주장과 고려 초기종이라는 설이 엇갈리고 있다. 제작 시기는 대략 9세기의 통일신라 말기로 추정하고 있다. 종 표면의 비천상과 유곽 문양의 요고, 바라 등 당나라와 서역의 악기와 운

천동에서 발견된 통일신라시대의 사적비 등을 참작하면 통일신라시대의 종으로 판단된다.[23]

2) 구조와 조각 문양

그림 6-9에 보인 청주박물관 신라종은 중량 122kg, 종의 하부 구경 47.4cm, 전체 높이 78.0cm, 종 하단의 두께 2.4cm, 종 상단의 용뉴의 높이 14.0cm다. 음통 일부분이 절단 파손되어 있고, 상대와 하대의 문양이 단순 문양인지 잘 보이지 않는다. 종신의 좌우에 있는 2구의 비천상 외에도 유곽 반원권 내부에도 여러 악기를 연주하는 작은 비천상이 조각되어 있다. 당좌에도 연화문과 잎을 물고 있는 새 문양과 수중水中 동물 등의 작은 문양이 조각되어 있다.

그림 6-9_청주박물관 신라종/ 왼쪽_ 정면/ 오른쪽_ 측면(국립청주박물관 제공)

천판, 용뉴, 음통

천판, 용뉴와 음통은 6-10과 6-11과 같다. 상원사종의 용뉴는 역동성 있는 용두와 몸체의 모습을 보여주고 있다. 반면 청주박물관 신라종은 오랜 기간 땅속에 묻혀 있어 부식된 흔적이 있다. 머리, 입, 코, 귀 등의 전체 모습이 나약한 외관을 보여준다. 용뉴는 역 U자형의 목과 척추로 이루어졌고, 용의 좌측 발 다리는 잘 보존되어 있으나 우측 앞발 다리는 절단 분실되었다. 음통부도 절단되어 높이 8~9cm만 남아 있다. 음통부 하측 2단에는 연꽃 문양이 조각되어 있고 중상부는 격자 문양 내에 꽃문양이 조각되어 있다.

상대, 하대와 유곽

상대와 하대는 신라종의 형태를 갖추고 있으나, 전술한 바와 같이 문양이 잘 보이지 않는 것이 특징이다. 유곽은 상대에 접하여 90° 간격으로 네 곳에 배치되었고, 유곽대는 사다리꼴 형으로 되어 있다. 좌우 유곽대의 중앙부에는 내측을 하부의 유곽대에는 외측을 향한 2중의 윤곽선과 연주대를 돌린 반원권이 있다. 내부에는 간략

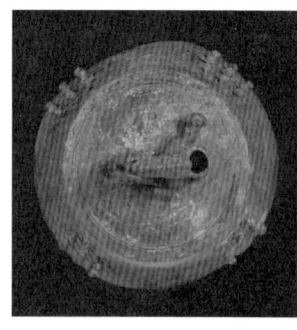
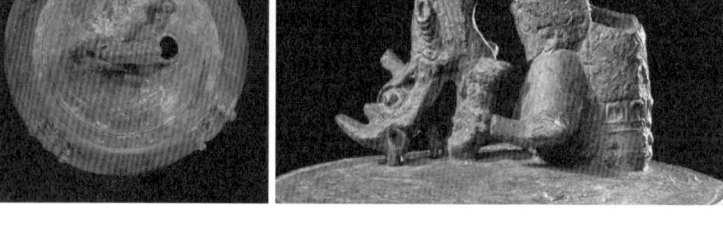

그림 6-10_신라종의 천판   그림 6-11_신라종의 용뉴와 음통(국립청주박물관 제공)

한 형태의 비천상이 있다. 이 비
천상은 요고, 바라 등 당나라와
서역의 여러 악기를 가진 주악
비천상이다. 측부 유곽대에 있
는 반원권의 상하에는 보상 문양
과 당초 문양이 섬세하게 조각
된 지문판이 사용된 것으로 보

그림 6-12_ 신라종의 유곽(국립청주박물관 제공)

인다. 하부 유곽대에는 반원권 외부에 꽃문양과 당초문이 조각되어
있다. 그림6-12에 보인 유곽 내부에는 연판으로 장식된 유좌 위에
융기돌출형 유두가 있다.

당좌와 비천상

그림6-13에 보인 당좌는 용두를 기준으로 전후 종의 배 부분에 2
개가 있다. 원형 당좌의 외곽에는 이중륜이 있고, 중앙부에는 12연

엽판으로 연꽃 문양과
역시 잎을 문 새의 문양
과 수중 동물 등의 작은
문양이 조각되어 있다.
당좌의 좌우에는 그림
6-14에서 볼 수 있듯이,
각각 천의자락을 머리
위로 바람에 휘날리며
아름다운 모습으로 비

그림 6-13_신라종의 당좌(국립청주박물관 제공)

141

상하는 비천상 2구가 있다. 하부에 구름 문양을 가진 운상비천은 우측은 비파를 연주하고, 좌측은 합장상의 모양으로 조각되었다.

그림 6-14_신라종의 비천상 (국립청주박물관 제공)

4 운수사종

1) 유래

그림6-15에 보인 운수사종雲樹寺鐘은 일본의 안래시安來市와 미자시米子市의 중간 산골짜기에 자리잡은 운수사에 있다. 작지만 일본에 있는 가장 아름다운 신라종으로 알려져 있다. 1347년(고려 공민왕 23)에 종순宗順이라는 일본인이 당시 운수사에 시납했다. 절에서 내려오는 이야기에 따르면 종순의 꿈에 따라 이 동종을 바다에서 건져 봉납했다고 한다. 일본에는 많은 종과 불상이 우리나라에서 불법으로 반입된 후 마치 바다에서 건진 것처럼 둘러대는 사례가 많다. 이 종에는 명문이 없어 주성 연대를 알 수 없으나 비천상, 상대와 하대, 유곽대의 기법을 고려할 때 통일신라시대의 종으로 추정하고 있다.[24]

2) 구조, 조각과 문양

용뉴와 음통

　용뉴는 하나의 용인 단용으로 구성되어 있으나 용뉴 머리의 상당 부분이 절단 망실되어 부분적으로 보강되어 있다. 용의 우측 앞발은 전방에, 좌측 앞발은 후방에 굽히면서 뻗고 있으나 상원사종의 기백에는 못 미친다. 음통의 상단과 하단은 연꽃잎으로 장식되어 있고 중앙단은 구름 위에서 피리 부는 비천상의 문양을 돌렸다.

상대, 하대와 유곽

　상대의 상측과 하측에는 등 간격으로 4엽 꽃문양을 연주대로 연결한 장식이 있다. 중간은 네 곳에 천의를 휘날리면서 주악을 하는 비천상, 구름 문양과 4엽 꽃문양 등이 배치되어 있다. 하대에도 상·하측에는 상대와 같이 연꽃문양과 4엽 꽃문양이 있다. 내부에는 10개의 반원권 문양을 같은 간격으로 배치하고 밖의 공간에는 화려한 당초 문양으로 조각되어 있다. 유곽대의 문양은 하대의 내부 문양을 축소한 것이나 배치는 다르다.

그림 6-15_재일 신라종인 운수사종

유곽대의 내·외측에는 다른 종에서 흔히 볼 수 있는 연주문이 생략되어 있는 것이 특징이다. 유곽 내부에는 9개의 유두가 배치되어 있다. 각 유두는 복판 6엽 연화문으로 된 유좌 위에 돌기 없는 평유를 갖고 있다.

당좌와 비천상

당좌에는 씨방이 있는 6.5cm의 원형 중앙부 주위에 폭 0.5cm의 꽃술의 웅예대雄蕊帶, 외측에 지름 8.8cm의 복판 8엽 연화문이 있다. 종신의 좌우에 구름 위에 나란히 앉은 2구의 비천상이 배치되어 있다. 좌측의 비천상은 횡적을 불고, 우측의 비천상은 장구를 치고 있다. 천의는 머리 위로 높게 휘날리고 있다.

5 그 외 신라종

선림원종

그림6-16에 보인 선림원종禪林院鐘은 신라 40대 애장왕(800~809) 재위 때인 804년 주성되었다. 한국전쟁 때 파손되어 국립중앙박물관에 파편이 보관되어 있다.

이 종의 출토지가 신라 선림원지禪林院址이므로 출토된 사찰 명칭을 따

그림 6-16_선림원종 파편

라서 선림원종으로 불린다. 이 종은 구경 68cm, 전고 122cm, 두께 3.9cm이다. 종복에는 아름다운 비천상 2구가 1조로 조각되어 있다.

실상사종

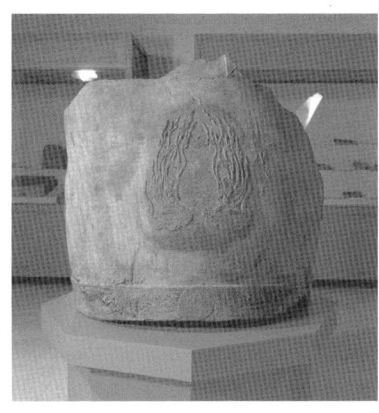 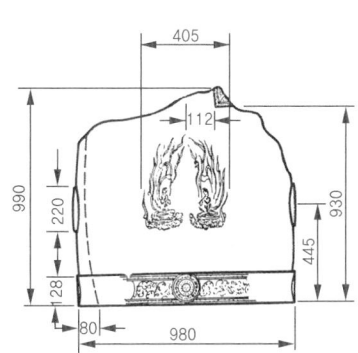

그림 6-17_왼쪽_파손된 상태의 실상사종/ 오른쪽_추정 원형도(치수 단위 mm)

그림 6-17에 보인 실상사종實相寺鐘은 신라 56대 경순왕(927~935) 재위 때 실상사에서 주성되었다. 동국대학교박물관에 파손 상태로 보관되어 있다.

실상사는 전남 남원군 산내면의 사찰이며 828년에 창건되었다. 실상사에서 출토된 이 종은 하부만 보존되어 있었다. 그림 6-17 추정 원형도에서 볼 수 있듯이 이 종은 구경 98cm, 파손된 종 종고 99cm, 두께 8cm이다. 종복에 서로 마주보는 아름다운 비천상이 조각되어 있다.

연지사종

그림6-18에 보인 연지사종蓮池寺鐘은 신라 42대 흥덕왕(826~836) 재위 때인 883년에 주성되었다. 일본 복정현福井縣 하가시敦賀市 상

궁신사常宮神社에 보관되어 있다.

임진왜란 때 왜군에 의해 약탈되어 1593년에 이 신사에 봉납된 것으로 알려졌다. 1953년에 일본의 신국보新國寶로 지정되었다. 이 종은 구경 66.3cm, 전고 111.1cm, 두께 6.2cm이다. 재일 신라종 중에서 제일 크다. 용두와 음통이 연꽃 문양의 용두좌와 음통좌를 갖고 있는 것이 특징이다. 종복에 아름다운 비천상이 구름 위에서 천의를 휘날리며 장고를 치는 문양이 조각되어 있다.

그림 6-18_일본에 있는 신라종인 연지사종

송산촌대사종

그림6-19에 보인 송산촌대사종松山村大寺鐘은 신라 52대 효공왕(897~912) 재위 때인 904년에 주성되었다. 일본 대분현大分縣 우좌신궁宇佐神宮에 보관되어 있다.

이 종은 1906년에 국보로 지정되었다. 이 종은 구경 47.2cm, 전고 85.8cm, 두께 3.4cm이다. 유곽에는 9개의 연봉오리 모양의 융기돌출형 유

그림 6-19_일본에 있는 신라종 송산촌대사종

두가 있다. 종복의 좌우측에 구름위에 천의를 휘날리며 장고를 치는 아름다운 비천상이 조각되어 있다.

광명사종

그림6-20에 보인 광명사종光明寺鐘은 신라 56대 경순왕(927~935) 재위 때 주성되었다. 일본 조근현島根縣 광명사 종각에 있다.

이 종은 1379년에 일본에 반입되었다가 1492년에 현재의 광명사로 옮겨졌다. 이 종은 구경 51cm, 전고 88.1cm, 두께 3.3cm 이다. 전체적으로 긴 원통에 가까운 형태를 갖고 있으나, 신라종의 구성요소를 충실하게 갖고 있다. 유곽대의 문양은 상당히 이색적인 문양을 보여주고 있다. 갑옷을 입은 천부입상天部立像과 동자좌상童子坐像이 유곽대에 조각되어 있다. 종복의 당좌 사이에 각각 장고를 치고, 비파를 주악하는 아름다운 비천상이 1구씩 2구가 조각되어 있다.

그림 6-20_광명사종
현재까지 타종하는 유일한 신라종이다.

7
고려종

고려는 통일 신라와 달리 정치, 문화의 중심을 한반도의 동남부에서 중부로 옮겨 한반도 전체에 신흥新興의 기력氣力을 발흥시킨 왕조다. 귀족 세력을 누르고 강력한 중앙집권정부를 이룩했고 과거제를 실시하여 관료조직을 정비했다. 북방의 3강국인 요나라와 금나라, 몽고의 침입을 받아 대외적으로는 곤경을 많이 겪으며 북방국과 선린관계를 유지하고, 대내적으로는 평화로운 풍토를 조성하며 문화를 창달했다.[1]

고려는 신라시대에서부터 이어진 호국불교로서 숭불정책을 고수했으며 많은 고승을 배출, 불교의 대중화를 도모했다. 왕실과 일반 백성도 불교신자가 대부분이어서 절의 권세가 오래 지속되었다. 불교문화를 중심으로 한 건축, 금속공예, 팔만대장경, 고려청자를 창출한 도자 제조기술과 세계 최초의 금속활자를 사용한 인쇄기술 등의 많은 문화유산을 남겼다. 이 시대 전반적인 문화예술은 통일신라시대에 비해 규모가 작고 단조로워 퇴보된 느낌도 준다. 조각보다 금속공예에 치우쳐 있다.[2] 특히 종의 주조는 달랐다. 신라종은 국가가 사업을 주도했는데, 고려종은 주로 절에서 자체적으로 진행했다. 종의 주조가 곳곳에서 이루어져 크기와 형태도 다양했다.

고려종의 양식은 초기에는 신라의 전통을 이어 왔으나, 시대가 흐름에 따라 형상과 문양에 많은 변화가 있었다. 미술사에서는 고려 전기의 종과 고려 후기의 종으로 구분한다. 고려 건국(918년)에서 인종 말기(1146년)까지를 전기로 의종 원년(1147년)에서 고려 멸망 시점인 공양왕 4년(1392년)까지를 후기로 구분한다. 전기의 종은 신라종의 형태를 거의 그대로 따랐다. 종 상부의 종견鐘肩에는 입상대立狀帶가 없으나, 고려 후기의 종에는 입상대가 나타난다. 이 새로운 조형은 그림 7-5의 고려 후기(1222년)에 만들어진 내소사종에서 볼 수 있듯이 종 용뉴를 연꽃 위에 배치했다. 입상대는 연꽃 대좌를 더욱 구체적으로 형상화한 것으로 천판의 바깥 둘레인 종 어깨 위에 설치된 꽃잎 모양의 화판형 조형물이다. 시대적으로 볼 때 고려 전기는 외국과의 정치 관계로 외국 연호年號를 사용했다. 북방의 강국인 요나라가 멸망하고, 새로운 나라인 금나라로 교체되었다. 의종이 즉위한 해로 전기와 후기가 구분되었다. 고려 후기인 12세기 중엽부터는 독자적인 간지(干支 : 十干과 十二支)로 기명(紀銘 : 연대를 새긴 것)을 썼다.

고려 범종의 외형의 조형미를 결정하는 주요 인자인 종신고高 대 종구경의 비율은 전기에는 신라종의 비율(대략 $\sqrt{2}=1.414$)을 답습하나 후기종에서는 점차 왜소해지고 넓은 종구鐘口를 갖는 형태로 변하여 비율이 $\sqrt{2}$보다 작게 되었다. 또 용뉴의 모습도 후기로 가면서 외형이 섬세하지만, 복잡성을 띠게 되었고 음통의 상부에 2~8개의 구슬이 새롭게 부가되었다. 후기 고려종의 조형양식에 또 하나의 독창적인 변화가 일어난 것이다.[3]

1 천흥사종

그림7-1에 보인 천흥사종(天興寺鐘 : 국보 제280호)은 통일신라의 종을 계승한 가장 오래된 고려시대 초기의 종으로 1010년(현종 1)에 주조되었다. 국립중앙박물관에 소장되어 있다. 천흥사는 성거산 밑에 태조가 921년(태조 4)에 지은 절이다. 성거산聖居山은 충청남도 천안시 서북구 성거읍에 있는 산으로 고려 태조가 산위에 5색의 구름이 걸쳐 있는 것을 보고 성거산으로 이름 지었다. 종고 167.6cm, 종신고 128.1cm, 종구경 95.5cm, 용뉴고 34.5cm, 종하단 두께 8.8cm다.

종의 용뉴의 모양은 신라종의 용뉴 형식을 닮은 단용이다. 용두가 천판을 물어 들어 올리는 것과 같이 되어 있지 않고 여의주를 물고 고개를 들어 올리는 것이 다르다. 전방을 향하여 놀란 듯한 큰 눈과 귀와 뿔도 정교하다. 음통은 신라종의 음통과 유사하게 5단으로 구분되어 있다. 5단 중 중앙의 3단만이 다른 문양이고 다른 단은 동일한 문양대로 장식했다. 종의 윗부분인 천판에는 신라종에서 보이는 연잎대로 돌리고 있는 것이 주목된다. 상대와 하대는 작은 구슬이 연이어 배열된 연주대 문양이 있다. 내부는 보상당초 문양으로

그림 7-1_천흥사종

되어 있다. 유곽은 단순한 보상화문으로 장식했다. 유곽내에는 원형의 여덟 꽃잎의 연화좌 위에 약간 도드라진 유두 9개를 배치하고 있다. 종의 배 부분에는 2개의 당좌와 2구의 비천상을 배치했다.

당좌는 원형의 씨방을 갖추고 밖으로 여덟 개의 연꽃잎을 돌리고 연꽃잎 주위는 작은 연주대 문양으로 처리했다. 신라종의 형식을 이어받은 것으로 보인다. 당좌와 교차로 배치한 2구의 비천상은 신라종에서 보이는 대좌對坐한 2개의 비천상과는 달리 각 1개씩 대각선상에 배치한 것이 특징이다. 비천상은 구름 위에 합장하여 승천하는 자세로 돋을새김했다. 특히 유곽 바로 밑에 위패 모양의 명문 테두리[銘文廓]를 배치해서 그 속에 돋을새김했다. '聖居山天興寺鐘銘 統和二十八年庚戌二月日(성거산천흥사종명 통화이십팔년경술이월일)'의 위패형 명문 테두리는 고려시대에 나타나는 새로운 형식이다.[4]

2 용주사종

그림7-2에 보인 용주사종(龍珠寺鐘 : 국보 제120호)은 고려종으로는 드물게 보는 거종이고, 신라종의 양식을 가장 충실하게 따르고 있다. 종의 총 높이 144.5cm, 종신고 116.5cm, 종 직경 86.6cm, 종구 두께 6.6cm, 상대 폭 8.5cm, 유곽 폭 4.5cm, 유곽 세로길이 24cm, 하부 가로길이 29.5cm, 당좌 직경 17cm, 하대 폭 11cm, 용뉴 높이 29cm다.[5]

그림7-3에서 볼 수 있듯이 종의 정상에는 신라종과 같이 용뉴와 음통을 갖췄다. 용두는 두 발로 천판을 딛고 종 전체를 들어 올리는 형태로 큰 보물 구슬을 물고 있다. 음통은 세밀한 연주 문양으로 돌려서 6단으로 구분하고 당초문과 연꽃잎으

그림 7-2_용주사종

로 장식했다. 연꽃잎은 원형, 반원형, 타원형으로 장식했다. 천판은 문양이 없이 소박하게 처리했고 상대와 하대의 문양은 서로 다른 형태로 장식했다. 상대, 하대, 유곽, 당좌 등의 내외 둘레만 얇은 연주대로 하고, 내부를 화려한 문양으로 처리했다.

상대의 문양은 신라종에서 보이는 반원권 문양과 그 사이에 당초문을 장식하여 주된 문양대를 이뤘다. 고려종의 새로운 양식이다. 하대에는 연속되는 당초문을 조각했다. 유곽의 문양대는 내외주에 세잔한 연주대로 하고 그 중앙에 하대에서 보이는 서로 연속되는 당초 문양대로 처리했다. 유두는 원형의 연꽃의 좌座 위에 9개가 돌기되어 있다. 4개의 유곽 바로 아래에 둥근 당좌를 설치했다. 당좌의 중앙부는 여덟 꽃잎의 연꽃을 주문양으로 하고 그 밖에 연주대문을 돌리고 다시 당

그림 7-3_용주사종의 용두

초문을 돌렸다. 가장 바깥 둘레도 연주문대로 처리했다. 그림7-4에서 볼 수 있듯이 유곽 사이에는 천의를 날리며 승천하는 각 1구씩의 비천상 2구를 배치했다. 또 좌우에 천의를 날리며 머리에서 빛을 발하면서 합장하며 승천하는 삼존상 三尊像을 2개소에 비천상과 교차로 배치했다. 고려종의 새로운 양식의 하나로 주목된다.

그림 7-4_용주사종의 삼존불

이 종은 원래 명문이 없는 무명종無銘鐘이었으나, 후에 별도로 새겨 넣었다. 종신의 두 곳에 각각 32자와 55자의 명문이 새겨져 있다. 이 명문에 따르면 854년(문성왕 16)에 주성했다. 뒤에 주지인 대련 스님이 추가로 음각으로 새겨 넣었으나 종의 형태와 일치하지 않는 것으로 판명되었다.[6,7]

3 내소사종

그림7-5에 보인 내소사종(來蘇寺鐘 : 보물 제277호)은 고려 후기의 전형적인 특색을 구비하고 있는 대표적 걸작품이다. 내소사는 백양사白洋寺의 말사로 전북 부안군 내면 석포리에 있다. 백제 무왕 34년에 창건되었다. 대웅전은 보물 제291호다. 이 범종의 전체 높이 105.3cm, 종 구경 66.8cm다. 종의 명문에 의하면 1222년(고종 9) 6월에 주성되었다. 원래 청림사靑林寺에 있던 종으로 절이 소실된 뒤 분실되었다가 1853년 산야에서 발견되어 내소사로 옮겼다.

종과 관련된 일화가 구전되어 오고 있다. 청림사가 어떤 이유인지는 모르나 화재로 폐허가 되었고 범종이 땅 속에 매몰되었다. 부안현 청림리靑林里의 한 농부가 산야를 경작하던 중 범종을 땅 속에서 발견했다. 종을 어디로 옮길 것인가 고민하다가 어느 절로 가겠는가를 묻고 종을 쳐보기로 했다. "부안 개암사開巖寺로 가겠는가." 묻고 종을 쳤으나 종소리가 잘 나지 않았다. 다음에 "실상사實相寺와 월명사月明寺로 가겠는가." 묻고 종을 쳤는데 역시 소리가 잘 나지 않았다. 마지막으로 "내소사에 가겠는가." 묻고 종을 쳤다. 그제

그림 7-5_내소사종

야 종소리가 잘 울려 내소사로 옮겼다.[8]

  용뉴는 신라시대의 용뉴보다 외형이 섬세하면서 복잡한 모양이다. 사진에서 볼 수 있듯이 신라종의 용두가 앞쪽으로 하향되어 천판에 용의 입부분이 닿아 있어 역 U자형 종 걸이인 것에 비하면, 용두는 전방을 향하여 자세의 기세는 좋으나 용의 입 부분이 천판과 많이 분리되어 있는 C자형의 종 걸이여서 구조 강도로 볼 때 신라종보다 취약하다. 이 용은 직경 약 2.5cm의 여의주 2개를 갖고 있다. 하나는 입에 물고 있고, 하나는 좌측 발로 받들고 있다. 정상부에 6개의 연주 장식을 갖고 있어 음통의 특이성을 더해 준다. 음통은 7.5cm의 간격을 두고 3단으로 장식된 수레바퀴 모양의 마디 부분이 있고, 그 사이에 꽃무늬를 배치했다. 용의 꼬리부는 띠 모양인 대상帶狀으로 되어 있고, 음통의 양 측면에는 불꽃 날개인 염익焰翼이 뻗쳐 있다.

상대와 하대는 동일한 양식의 모란 당초문으로 화려하게 돋을새김했다. 유곽대는 폭 2.7cm로 균일하게 구성되어 있다. 우리종에서 흔히 볼 수 있는 연주대는 외측 주변에만 있고, 내측 주변은 2중의 가는 선으로 되어 있다. 내부에 연화당초문을 베풀었다. 유곽 내에는 높이 3cm의 돌출된 9개의 유두가 있고, 유두 밑의 유좌는 약 0.15cm만큼 돌출되어 있다. 9개의 꽃잎의 연봉오리로 된 융기 유두는 5개 꽃잎으로 구성되어 있다. 당좌는 전후좌우 4개소에 배치되어 있고, 주변 직경 13.6cm의 꽃무늬로 장식되어 있다. 당좌의 바깥 둘레에는 좁고 긴 삼각형의 꽃잎이 12잎으로 된 연화문이지만, 각 꽃잎 사이에 중간 잎이 있어 모두 24개의 꽃잎으로 구성되어 있다. 그 내부에는 3중의 원호로 된 일곱개 꽃 형태의 중방中房이 있고, 그 내부에는 2중륜으로 된 6개 씨의 씨방이 돋을새김으로 주조되어 있다. 비천상 대신 삼존불이 구름 모양 위의 연꽃좌에 서 있는 모습으로 각 당좌와 유곽 사이의 중간에 돋을새김되어 있다.[9] 본존은 연화좌에 앉아 있고 협시보살은 두 손을 모은 채 서 있다. 각각의 삼존불에는 광배光背가 있고, 상부에는 S자형으로 된 구름 문양이 있다. 각 삼존불의 위쪽에 집 모양의 장식인 폭 9cm, 높이 7cm의 천개天蓋가 각각 배치되어 있다.[10]

종의 몸체 하단에는 추가된 기록을 포함, 세 종류의 명문이 새겨져 있다. 이를 통해 원래는 청림사에 봉안하기 위해 주조한 것을 알 수 있다. 구리 700근을 사용하여 1222년(고종 9)에 제작했고, 한중서韓仲敍라는 주종장의 이름도 확인된다. 그는 고려시대를 대표하는 장인이다. 시위군侍衛軍의 말단 군사에서 정7품 관직으로 출세하며 왕성한 활동을 펼쳤다.

4 탑산사종

그림7-6에 보인 탑산사종(塔山寺鐘 : 보물 제88호)은 대흥사 성보박물관에 소장되어 있다. 문양이 아름답고 제작이 우수하다. 탑산사의 소재지는 아직 명확하게 밝혀지지 않고 있다. 명문에 있는 바와 같이 금이 80근 들어간 우수한 종이다.

종의 높이 77.8cm, 종 구경 43cm, 종구의 두께는 3.4cm다. 탑산사종의 명문에는 '癸巳十月日塔山面(계사십월일탑산면) 近塔山寺(근탑산사)……金鐘入重捌拾斤印(금종입중팔십근인)'의 글을 볼 수 있다. '癸巳十月日'은 1233년(고종 20)과 1053년(문종 7)이라는 학설이 있다. 그러나 제작기법, 양식 등이 유사한 점이 많은 내소사종과 비교하여 계사년은 1233년으로 추정하고 있다. 종의 몸체에는 두 종류의 명문이 남아 있다. '癸巳十月日塔山寺(계사십월일탑산사)'로 시작하는 것과 '萬曆二十一年癸巳(만력이십일년계사)'라는 1593년의 기록이다. 각각 고려와 조선시대의 내용을 다루고 있어 해석에 어려움이 있다.

용두는 정교하게 주성되어 있다. 특히 놀란 듯 입을 벌리고, 윗입

술을 전방으로 길게 뻗치고 있고, 상하의 큰 이빨이 뚜렷하게 보인다. 입에는 여의주가 없으나, 앞쪽 왼쪽 발에는 직경 3.1cm의 큰 여의주를 천판에서 11cm의 높이에서 받들고 있다. 오른쪽 발의 뒷부분으로 천판을 받치고 있어서 위엄있게 보인다. 음통은 상·중·하 3단의 윤대로 구분되어 있다. 각각의 윤대 사이에는 당초문이 아름답게 조각되었고, 음통

그림 7-6_탑산사종

의 양 측면에는 용꼬리 부분이 U자형으로 두 갈래로 분기된 상태로 상륜대와 중륜대 사이에 부착되어 있다. 천판의 주연에는 68개의 꽃잎 문양인 중연판 문양으로 된 입상화立狀花 문양대가 있고, 그 내부에는 각각 불상이 섬세하게 조각된 불문양佛紋樣 입상대가 있다. 상대의 폭은 3.6cm이고 상하측에는 연주문으로, 상대의 내부 문양은 전형적인 아름다운 당초문이다. 하대도 상대와 같은 당초문으로 장식되었다.

유곽의 윤곽을 나타내는 유곽대도 연주대와 당초문양으로 구성

되어 있고, 유곽내에 있는 유두의 유좌는 6엽중葉重의 꽃잎과 그 사이에 중간엽 꽃잎이 6개 있어, 12연꽃잎의 연화문양으로 보인다. 중앙에는 직경 1cm의 반구형 자방이 돌출된 연꽃문양 유두로 구성되어 있다. 4개소에 각각 1개씩 4개의 원형당좌가 배치되어 있다.

당좌는 외측에는 2개의 윤선으로 된 폭 0.7cm의 연주원대가 있고, 내부에는 직경 5.1cm와 4.7cm의 2중 소원권素圓圈이 있다. 외측의 연주원대와 내부 2중 윤선 사이에 8잎 꽃잎의 연화문이 있고, 그 사이에 중간 잎이 있어서 16꽃잎의 연꽃잎으로 구성되어 있다. 중앙부 8개의 원호로 형성된 윤곽 내부에는 12개의 작은 씨방과 중심에 위치한 1개의 큰 씨방이 배치된 연화문 당좌를 형성하고 있다. 종신의 당좌와 당좌 사이의 종복부에는 각 1개의 보살상이 전체로 4개가 배치되어 있다. 외관은 유사하면서도 약간의 차이를 보인다. 각 보살상은 2중 두광頭光과 신광身光을 갖추고, 연화좌에 앉아 구름 위의 극락세계를 연상하게 하고 있다.[11]

5 개성 연복사종

그림 7-7에 보인 개성開城 연복사종演福寺鐘은 현재 개성의 남대문에 걸려 있는 것으로 알려져 있다. 1346년(충목왕 2) 봄에 주성된 종이다. 연복사는 고려의 수도 개성에 있던 이름난 큰 절이다. 옛날에는 개성 남대문 문루 위에서 서남쪽으로 연복사 경내에 서 있는 5층탑이 바라보였다고 한다. 연복사가 1563년(명종 18)에 화재로 타 없어지자 종을 남대문으로 옮겼다. 그 뒤 1900년대 초까지 개성사람들에게 시간을 알려주기 위하여 울렸다.

종의 하복부에 돌을

그림 7-7_개성 연복사종

새김된 명문에 의하면 원나라의 강금강姜金剛과 신예辛裔의 정부양사正副兩使가 왕명을 받들어 금폐金幣로써 금강산에서 주성했다. 종장이 귀국하기 전에 고려왕의 요청에 따라 개성 연복사종을 만들었다고 한다. 우리나라에서 만들었으므로 우리종이지만, 중국의 원나라 종장이 중국식으로 만들었기에 중국식 우리종이다. 중국식을 모방하여 고려의 종장이 만든 한·중 혼합식의 우리종이 출현했고, 조선의 종에도 많은 영향을 미쳤다.

전고 324cm, 종 구경 188cm의 대종이다. 우리종과는 구성 요소가 다른 중국식 종이지만 역사적 의미가 크다. 우리종의 용뉴는 단용으로 되어 있으나, 중국종은 쌍용으로 용뉴가 큰 차이를 보인다. 우리종은 용두 방향으로 앞뒤를 알 수 있으나, 중국종에서는 앞뒤의 구분이 없는 것이 특징이다. 중국종에는 음통이 없다. 고려 후기 종의 천판은 일반적으로 평평하고 입상대 장식을 갖추고 있으나, 중국종의 천판은 반구형을 형성하고 있고 입상대를 갖고 있지 않은 것이 큰 차이다. 전통적인 고려종은 종신의 상부와 하부에 아름다운 문양을 가진 상대와 하대를 구비하고 있다. 개성의 연복사종과 같은 중국식 종에서는 이와 같은 상대 하대를 찾아볼 수 없고, 일반적으로 상·중·하를 구분하는 태조선을 배치하고 있다.[12]

고려종의 유곽은 상대에 인접하여 내부에 9개의 유가 배치되어 있다. 연복사종에는 이와 같은 것이 없다. 종신 중앙에서 굵은 조선으로 상단과 하단을 구분하고, 각 단에 장방형의 4개 구곽을 두어 전부 8곽廓을 마련했다. 상부 4곽에는 불상을, 각 곽 사이에는 '佛日

增輝(불일증휘)'·'皇帝萬歲(황제만세)'·"法輪常轉(법륜상전)'·'國王千秋 (국왕천추)' 등 각 4자를 배치했다. 하부 4곽에는 명문이 돋을새김되었다. 글씨는 저수량褚遂良의 서체다. 상하 요대腰帶 사이에는 범자梵字와 몽고문자를 주출鑄出했고 그 아래에 종명이 있다. 명문은 당대의 명신 이곡李穀이 짓고, 성사달成師達이 썼다. 글씨는 2cm 길이의 해서楷書다.[13]

하단의 곽 아래에는 파도 문양대가 있고, 그 하부에는 팔괘의 문양이 배치되어 있다. 종 하부의 주연은 우리종에서는 수평형 끝단면을 갖고 있으나, 연복사종에서는 수평이 아닌 중국식 종의 8능으로 된 파형을 형성하고 있다. 연복사종은 당좌와 비천상이 없고, 유곽과 유사한 상단 4곽 내에 삼존불이 배치되어 있다. 전통 고려종에서와 같은 종의 배 부분이나 유곽과 하대 사이에 배치하는 것과 많은 차이를 보이고 있다.

6 그 외 고려종

청녕4년 명종

그림7-8에 보인 청녕4년 명종은 현재 국립중앙박물관에 보관되어 있다. 청녕4년인 1058년 고려문종 때 주성된 매우 우수한 고려종이다. 청녕淸寧은 요遼나라의 연호이다.

이 종은 구경 54.3cm, 전고 85.4cm, 두께 3.4cm다. 용뉴는 단용으로 S자형으로 되어 있고, 용두는 생동감 있는 정교한 조각이다. 유곽 바로 밑에 종 표면에 구름위의 연화좌에 두광을 갖추고, 보관을 쓴 보살 2구와 보관이 없는 여래상 2구가 4개소에 배치되어 있다.

그림 7-8_청녕4년 명종
(국립중앙박물관 제공)

태안2년 명장생사종

그림7-9에 보인 태안2년 명장생사종은 국립부여박물관에 소장되었다가 현재는 광주박물관에 있다. 이 종은 고려 선종 때인 1086년에 주성된 고려종이다. 태안太安은 요 나라 연호고 장생사는 출토지에 있던 사찰명으로 추정된다.

이 종은 구경 30cm, 전고 50.7cm, 두께 1.8cm의 작은 종이다. 단용의 용두와 음통이 있으며, 고려 전기 종의 특색을 잘 구비한 종이다. 종신의 좌우에 구름 위에서 합장하는 선녀같이 아름다운 비천상이 있다. 비천상의 옆면 유곽 밑과 전면의 4각형 구획에 2개의 명문이 있다.

그림 7-9_태안2년 명장생사종

동원 1800종

그림7-10에 보인 동원 1800종은 국립중앙박물관에 기증되어 보관중이다. 명문이 없어서 정확한 연대는 미상이나 대략 1600년대 중반에 주성된 것으로 추정하고 있다. 종의 조각 문양이 매우 뛰어나다.

이 종은 전라북도 부안에서 출토되었고, 구경 24cm, 전고 36.5cm, 두께 1.5cm의 소종이나 조각들이 매우 우수하게 제작되었다. 이 종은 다른 고려종과 달리 특이하게 당좌가 1개이며, 각각 다른 형상의 비천과 보살을 종신에 배치했다. 종신에 도금한 흔적도 있다.

그림 7-10_ 동원 1800종 (국립중앙박물관 제공)

삼선암종

그림7-11에 보인 삼선암종(보물 제1698호)은 진주시 삼선암에 있다. 고려 전기에 주성된 종으로 추정된다. 대나무 피리 모양의 음통과 유곽내에 9개가 아닌 6개의 유두가 있고 비천상이나 불상이 생략되어 있는 종이다.

이 종은 구경 37.6cm, 전고 64.6cm, 두께 3.4cm이다. 천판

그림 7-11_삼선암종

은 융기된 원호형을 하고 있다. 당좌가 전후 방향이 아닌, 전방 우측 45도 방향과 이와 대칭되는 위치에 각각 1개씩 2개가 있다.

보암사 을축명종

그림7-13에 보인 보암사 을축명종은 국립중앙박물관에 소장되어 있으며, 이호관선생에 따르면 고려 충숙왕 때인 1325년에 주성된 고려 후기 종으로 추정된다.

이 종은 1974년 서대문구에서 산사태로 노출된 것을 수집한 종이다. 구경 24.3cm, 전고 37.5cm, 두께 2.3cm의 종이다. 이 종은 입상대가 있고, 복엽 연꽃 형태의 당좌가 있다. 종복의 당좌 사이에 두광을 갖추고 머리에 보관을 쓴 합장하는 보살이 4개소에 있다.

그림 7-12_ 보암사 을축명종

8
조선종

조선의 종을 이해하려면 먼저 조선 시대의 사회적 배경을 알아야 한다. 신라와 고려시대에 융성했던 불교는 사회 교화와 문화 예술 면에서 큰 공헌을 했으나, 고려 후기부터 정치와 사회 측면에서 세속화되었고, 일면에서는 종교와 정치의 타락과 부패가 만연하게 되었다. 조선조의 태조 이성계가 1392년(고려 공민왕 4) 왕위에 오르고 난 뒤 초기에는 민심을 수습하기 위하여 불교를 보호하고, 민심의 안정을 바라며 절을 중수하고, 창건하기도 하면서도 한편으로는 불교를 억제할 마음을 갖고 있었다. 태종 때부터는 불교 배척 정책을 단행, 종래의 12종파를 일부 폐지하고 통합하여, 선종禪宗과 불교경전을 공부하는 교종敎宗으로 축소했다. 전국의 사찰도 242개만 남기고 없애는 등 불교의 사회적 위상을 격하시켰다. 세종 때 절의 수를 36개로 제한했고, 스님의 수도 3,720명으로 감축시켰다. 폐지된 사찰의 불상과 동종은 녹여 무기, 엽전, 기구 등을 만들었다. 세조를 제외한 대부분의 왕이 불교 배척정책을 강력히 추진했다. 불교의 지위는 그 형태만 남아 있을 뿐 극도로 쇠퇴했다.[1]

조선조의 불교문화와 예술은 시대적 조류의 영향을 크게 받았다. 범종도 예외가 아니었다. 조선 시대는 대내적으로 불교를 배척하고 유교를 숭상했다. 대외적으로는 중국과 북방국과의 유대를 갖고, 수차의 외침을 겪으며 고유문화를 지켜왔다.

조선조에 들어 많은 종이 주성되었다. 중국종 양식을 도입한 쌍용으로 된 용뉴, 반구형의 천판, 종신의 태조선 등이 있는 한·중 혼합식 종과 종정鐘頂의 음통과 단룡, 종신의 문양 등이 있는 신라, 고려 양식을 계승한 전통식의 종 등이 있었다. 한·중 혼합식 종이라고 해도, 종신의 외형과 유곽 등은 전통 양식을 따르고 있다. 음통은 갖고 있으나 천판 형상이 반구형, 원호형으로 변한 것, 용뉴에서의 많은 변화, 상대, 하대, 유곽의 변화, 당좌와 하대의 생략 등 변화를 볼 수 있다.

일반적으로 조선시대 종은 임진왜란(1592년) 전후를 기준으로 전기(1392~1600년), 후기(1601~1900년)로 구분한다. 조선 전기의 종은, 고려 개성의 원나라종 형식을 가진, 연복사종 형식을 따라 음통과 당좌 등을 없애고, 천판을 반구형으로 한 전기 전반(1392~1500년)의 종과 신라종과 고려종의 전통양식을 충실히 따라서 만든 전기 후반(1501~1600년)의 종으로 구분하기도 한다. 조선 후기의 종은 전통식 종과 쌍용과 띠 장식을 갖는 한·중 혼합식 종이 함께 주성되었다. 1600년경에는 유곽이 상대에 인접해서 배치된 것과 조각의 살이 비교적 두껍게 드러나게 한 고부조高浮彫 형태의 사실적인 조각을 볼 수 있다. 그러나 1700년경부터는 사각형 유곽이 상대에서 떨어져 종신 중앙부로 이동하고, 조각도 저부조低浮彫의 선각線刻으로 도식화되어 가며 하대가 많이 생략되었다.[2]

조선 전기의 범종은 임진왜란과 이후의 여러 전쟁과 재난, 한말 일본인의 약탈로 거의 없어졌다. 현재 알려진 범종은 10여 구에 불과하다. 연대순으로 살펴보면 흥천사종興天寺鐘, 보신각종普信閣鐘, 낙산사종洛山寺鐘, 봉선사종奉先寺鐘, 해인사海印寺 대적광전大寂光殿 홍치사년명弘治四年銘 동종, 융경삼년명백련사대종隆慶三年銘白蓮寺

177

大鐘, 광흥사廣興寺 만력원년명동종萬曆元年銘銅鐘, 태안정사泰安靜寺 만력팔년명용천사대종萬曆八年銘龍泉寺大鐘, 만력팔년명석남사대종 萬曆八年銘石南寺大鐘, 안사만력구년명동종安寺萬曆九年銘銅鐘, 갑사동 종甲寺銅鐘 등이 있다.

조선 전기 동종인 흥천사종, 보신각종, 낙산사종, 봉선사종, 해인 사종 등은 신라종이나 고려종과는 다르다. 고려말 원나라의 영향을 받은 시기인 1346년에 주성된 연복사종과 흡사하게 원나라종의 형 태를 따르고 있다. 가장 초기종인 흥천사종 등의 양식은 종신 전체 의 형상에 있어서 과거의 전형적인 범종을 따르지 않고 전혀 이형 적인 개성 연복사종을 모방한 형태다. 종신의 모양은 종 어깨인 견 부의 곡선을 제외하면 거의 직사각형이고 음통이 없는(흥천사종의 경 우 음통 대신에 천판상에 원형의 구멍인 구경 약 75mm의 관통공을 1개 갖고 있 다.) 종 걸이의 양단에 각각 용머리가 조각된 쌍용두의 용뉴로 종을 매달았다. 정상에 단순화한 연꽃잎 문양의 복연대가 돌려 있고 상 대는 굵은 줄 모양의 테를 두른 태조선대다. 네 개의 유곽이 있고 유 곽들 사이에는 비천상 대신에 1구씩의 보살입상이 배치되어 있다. 이것은 연복사종의 유곽 안에 삼존불을 조각한 원나라 양식과 달리 우리나라 고유의 양식을 지킨 것이다.[3] 그러나 보신각종과 낙산사 종은 유곽이 없다. 흥천사종과 봉선사종은 4개의 유곽 내에 9개의 유두를 갖고 있다. 종신 중앙부에 세 줄로 된 태조선의 중대가 조각 되고 많은 경우 하단부는 하단에서 떨어진 위로 두 줄로 된 태조선 이 조각되고, 그 밑으로는 무늬가 없는 점이 특징이다. 명문은 신라종은 종복에 주로 양각으로 조각했으나 조선 전기의 종은 중앙 태조선대 밑의 간소한 문양인 소문 사이에 한자로 돋을새김했다.[4] 종의 두께 분포는 아래로 내려올수록 두꺼워지는 재래의 형태가 유지되었으나 당좌가 조각되어 있지 않아 종 하단부 무문부를 타종했다.

전술한 바와 같이 조선 후기의 동종은 전통 양식의 범종과 쌍용과 종신의 태조선이 있는 한 중 혼합양식의 범종이 함께 혼합되어 주조되었다. 조선 후기의 범종은 현재 남아 있는 것이 백 여구가 넘어 전 시대를 통해서 가장 많다. 특히 현종·숙종·경종·영조·정조 때 만들어진 동종이 많다. 후기의 범종 중에는 현등사종, 삼막사종, 고견사종, 법주사숭정구년명종, 보광사종, 마곡사종, 봉은사 강희명종, 화계사종, 통도사대종, 쌍계사 대웅전종, 강화동종 등이 유명하다. 후기의 범종은 전기와 같은 거작이 많지 않고 각부의 장식 문양도 다소 치졸해졌다.[5]

1 보신각종

1395년(태조 4) 종로 운정가 (현 파고다공원 입구)에 종각을 짓고 종을 매달아 조석朝夕을 알렸다. 그러나 그 종은 임진왜란으로 불에 타 없어지고, 종의 명문만 권근權近이 지은 『양촌집陽村集』에 남아있다. 그림 8-1에 보인 보신각종(보물 제2호)은 1468년(세조 14)에 주성되었다. 이 종은 돈의문 안에 있는 신덕왕후神德王后의 능인 정릉의 능사陵寺에 있었다.

그림 8-1_보신각새종 복원 당시 저자 염영하 등 연구 참여자와 주종 관계자

정릉사貞陵寺가 폐사되면서 원각사圓覺寺로 옮겨졌다. 중종 때 김안로金安老가 숭례문으로 다시 옮기려던 것을 1594년(선조 27)에 종루에 걸어두었다. 임진왜란 뒤 1619년(광해군 11년)에 현 종로 네거리의 종루에 옮겨 걸었다. 1869년(고종 6)에 종루가 불타고, 1895년(고

종 32) 보신각을 짓고 옮겨져 파루(罷漏 : 상오 4시)에 33번, 인정(人定 : 하오 10시)에 28번을 타종, 시민들에게 시간을 알렸다.[6] 이 때에 종각에 보신각普信閣이라는 현판을 건 이후 종명이 보신각종이 되었다. 광복 후에는 새해 새 출발을 알리는 '제야의 종'으로 활용했고, 3·1절과 광복절에도 33번을 타종하여 민족의 정기를 일깨우고 단결을 다짐하는 종으로 시민의 사랑을 받았다. 1979년 보신각종의 균열이 발견되어, 1985년에 보신각새종을 만든 뒤 원래의 보신각종은 그림 8-2에 볼 수 있듯이 국립중앙박물관으로 옮겨 보존하고 있다.

그림 8-2_ 국립중앙박물관에 옮겨진 보신각종

종의 무게는 약 20톤, 종 구경 222cm, 종 전고 364cm다. 종신은 거의 직사각형에 가깝고 음통이 없는 쌍용두의 용뉴를 갖고 있다. 상대는 복연 장식의 견대肩帶가 있을 때는 그 밑에 인도의 옛 글자인 범자열을 돌려 표시했다. 유곽이 없고 보살상도 보이지는 않으나 흔적이 남아 있다. 정릉사와 원각사에서 사용하던 때는 네 면에 보살상이 있었으나, 보신각으로 옮겨지던 때, 혹은 그 전후에 관청의 종으로 쓸 때 배불排佛로 인하여 인위적으로 종면의 보살상이 제거되었을 것으로 추정된다. 왕실에서 주성한 종이어서 주조 관계 인물이 거의 같다. 종신 중앙부에 태조선대의 중대가 조각되어 있고, 하대는 하단에서 얼마간 위쪽에 배치되었다. 당좌가 마련되어 있지 않아 종의 하단부를 타종했다. 무문부에 완연한 타격 흔적이 남아 있다.[7]

2 낙산사종

낙산사洛山寺는 671년(신라 문무왕 11)에 의상義湘대사가 당나라에서 귀국한 뒤 관세음보살의 진신眞身이 강원도 낙산 동쪽 바닷가 굴 속에 있다는 말을 듣고 친견하기 위해 찾아갔다가 낙산사를 창건했다. '낙산洛山'은 범어梵語인 보타락가補陀洛伽의 준말로 관세음보살이 항상 머무르는 곳을 뜻한다. 1466년(세조 12) 윤 3월, 세조가 오대산 상원사 중창에 참석하기 위해 동해안을 순방하다가 들러 관세음보살상을 보고 예경禮敬했다. 이어 태조가 남긴 발자취를 돌아보고 하룻밤을 머문 뒤 낙산사 중창 불사의 서원을 냈다.[8]

낙산사종洛山寺鐘은 1469년(예종 원년) 예종이 세조의 명복을 빌기 위해 주성했다. 그림 8-3에 보인 낙산

그림 8-3_낙산사 옛 종각

183

그림 8-4_ 낙산사종

사 옛 종각에 걸었던 낙산사종은 낙산사동종으로도 불리우며, 그림 8-4에서 볼 수 있듯이 아름답고 정교한 종이다. 국가지정문화재 보물 제479호로 지정되었다. 그러나 알 수 없는 이유로 동종 몸체 상부에 지름 약 15mm의 총탄 관통 흔적(구멍)이 있었다. 원래 낙산

그림 8-5_ 새로 복제하여 주조된 낙산사동종과 다시 설계하여 제작한 낙산사새종이 걸려있는 새 종각

그림 8-6_ 현재 타종하고 있는 종(복제된 낙산사종은 현 범종각에 타종하는 종 우측에 함께 전시되어 있다.)

사 동종의 재질은 구리(80.04%)와 주석(19.93%)의 주석 청동 합금으로 다른 범종에 비하여 주석 함량이 비교적 많아서, 매우 취약한 재질로 만들어졌다. 2005년 4월 5일, 양양 지역에서 발생한 산불로 동종이 소실되어 문화재에서 해제되었다. 소실되기 수년 전에 서울대학교의 연구팀이 낙산사종의 안전진단과 실측 조사(치수, 중량, 화학적 조성과 재질, 종의 음색과 문양 및 탁본 원형 등)를 하여 자료를 보관했는데 새 종으로 복원할 때 소중한 자료로 활용되었다.[9]

낙산사종은 높이가 158㎝, 종구는 98cm, 종 무게가 1,114kg나 되는 큰 종이다. 낙산사종의 문양과 형상은 조선 초기의 특징을 잘 나타내는 종이다. 즉, 종정에는 음통이 없고 천판 중앙부에 지름 0.5cm의 관통 구멍이 있으며, 머리를 서로 반대 쪽을 향한 2마리의 용으로 형성된 용뉴를 고리로 삼아 종각에 걸었다. 용은 긴 입을 다물고, 머리는 약간 숙여 멀리 밑쪽을 바라보며 엎드려 있다. 등에 여의주를 갖추었다. 유난히 큰 눈과 코, 직선적인 날카로운 귀와 뿔, 날카로운 발톱은 활기차고 생동감이 있다.

최상부의 천판은 중국종 양식과 같은 반구형이다. 종견에는 2개의 태조선을 돌렸고, 그 내부에는 연판문양 장식의 견대가 있다. 상대는 없고, 상대를 배치하는 곳에 12자의 범자가 일정한 간격으로 조각된 새로운 형식을 보여주고 있다. 종 중앙의 종복에는 3개의 굵은 선이 돌려져 중대를 형성하고 있다. 하대는 종 최하단 입구에서 17cm 높이에 위와 아래에 2개의 굵은 선을 돌리고 그 내부에 98mm의 하대 문양대가 있다. 하대 문양은 굵은 선으로 된 상층 구름 모양의 권운문卷雲紋과 가는 선으로 된 물결 모양의 파상문波狀紋으로 장식되어 있다. 유곽과 당좌는 없다. 유곽 자리에 네 구의 보살입상을 배치했다. 원형의 두광頭光·보관寶冠·천의 등을 유려한 선으로 표현했다. 그 사이에 일정한 간격으로 네 개의 범자가 돋을새김되어 있다.

하대와 중대 사이의 명문은 김수온金守溫이 짓고, 정난종鄭蘭宗이 썼다. '成化五年乙丑(성화5년을축)'의 주성 연대와 조각장과 주성장 鑄成匠 등의 주종 관계자 명단을 돋을새김했다.[10]

서울대학교의 연구팀이 측정한 낙산사종의 종소리는 그림 8-7에서 볼 수 있듯이, 타격 초기에 여러 주파수 성분의 소리가 나다가 3-4초 후에는 기본 고유주파수 성분만 남고 뚜렷한 맥놀이 현상이 있는 좋은 종소리인 것을 알 수 있다. 종의 기본 고유진동수는 166.69Hz와 165.63Hz였다. 맥놀이 주기는 약 0.94 초였다.[11]

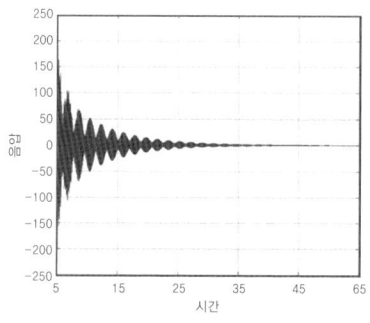

그림 8-7_원래의 낙산사종의 당좌를 타격하여 얻은 진동 신호

3 봉선사종

봉선사奉先寺는 경기도 남양주시 진전읍에 있는 절로 대한불교 조계종 제25교구 본사다. 969년(광종 20)에 법인국사法印國師 탄문坦文이 창건하여 운악사雲岳寺라고 했다. 세종 때 선교양종으로 통합할 때 혁파했다. 1469년(예종 1)에 세조의 비 정희왕후貞熹王后 윤씨가 세조를 추모하여 광릉光陵을 보호하기 위해 89칸의 규모로 중창하고 봉선사라고 했다.[12]

그림 8-8에 보인 봉선사종(奉先寺鐘 : 보물 제397호)은 세조의 추복을 위해 1469년 7월에 만들었다. 종의 높이는 235cm, 구경 154cm다.

용뉴는 머리를 서로 반대로 향한 쌍용으로 구성되어 있다. 낙산사종의 용과 같이 크고 긴 입을 꽉 다물고, 부리부리한 두 눈과 큼직한 코, 입, 귀, 뿔과 날카로운 발 등이 생동감을 준다. 종정의 천판은 반구형이고, 중앙에 50mm의 관통공이 있다. 종견에는 2개의 태조선을 돌렸고, 그 내부에 연꽃잎을 배열한 견대를 갖고 있다. 상대는 태조선 1개를 돌려 구획을 나누었고, 종신의 중앙부에는 하부에서 0.967m에 폭 70mm의 태조선이 돌려진 3줄의 중대가 있

그림 8-8_봉선사종

다. 하대는 2줄로 크게 조각된 태조선이 있고, 그 안에 굵은 구름무늬와 가는 물결무늬를 배치했다. 중대 위에는 종의 전후좌우 4곳에 사다리꼴 유곽을 배치하였다. 유곽대는 내부와 외부에 폭 53mm의 조선을 돌리고, 그 안에 인동당초문으로 채운 문양이 있다. 상단에

4구의 보살상을 배치했다. 두 손을 가슴에 모은 합장인合掌印을 취하고 연화좌 위에 서 있다. 우아하고 늘씬한 신체 비례에 화려한 보관과 영락을 갖췄다. 보살의 두광 양쪽에 '옴마니반메훔'의 범자와 '육자대명왕진언'을 유곽 하변 밑으로 종구에서 104cm 높이에 돋을새김했다. 하단에는 명문이 있다. 강희맹姜希孟이 짓고 글씨는 정난종이 썼다. 주종장은 정길산鄭吉山이다. 화원인 이백련李百連과 김중경金仲敬도 주종에 참여했다.[13]

4 쌍계사 대웅전종

쌍계사雙磎寺는 지리산 남쪽 기슭인 경남 하동군 화계면에 있다. 840년(문성왕 2)에 창건되었다. 1641년(인조 19)에 만든 쌍계사 대웅전 종(보물 제1701호)은 구경 62cm, 높이 95.7cm로 그림 8-9에서 볼 수 있듯이 특이하게 단용과 음통을 갖고 있다. 종의 천판 가장자리의 종견에 위로 솟은 입상대, 상대, 하대, 유곽을 구비한 전통 양식에, 조선종의 특색인 범자문대, 보살입상, 위패문 등을 배치했다. 단용의 허리를 역U자형으로 용뉴가 형성되어 있고, 용은 전방을 수평으로 바라보며 큰 입에 여의주를 물고, 좌우의 발을 천판 위에 뻗친 사나운 모습으로 표현했다. 음통은 상단을 7엽 연화로 장식하고, 음통 측면에는 고려 후기종과 같이 2조의 염익을 고부조로 장식했다. 입상대는 꽃잎 모양의 화판형이고, 각 꽃잎 속에 앉아 있는 불상인 좌불坐佛 문양을 장식했다. 상대는 연꽃잎의 복연판대로 된 상단부와 당초문으로 된 하단부와의 2단 구성으로, 하대는 연화당초문으로 장식했다.

4좌의 유곽 내에는 9개의 종유를 배치했다. 각 유는 여섯 꽃잎의 문양인 화문좌를 갖고 그 내부에는 1.2cm의 볼록한 유두가 있다. 유곽 사이에는 폭 9cm의 상단과 하단의 2단으로 형성된 범자문대가 있다. 상단에는 '大明王眞言(대명왕진언)', 하단에는 '破地獄眞言(파지옥진언)'의 범자를 원내에 배열했다. 다른 종에서 찾기 어려운 사례다. 범자문 아래에는 보살입상과 위패형의 명문구를 4곳에 배치했다. 보살입상은 머리에 보관을 쓰고, 이중 두광을 둘렀고, 유려한 옷을 입고 구름 위에서 연꽃을 들고 있다.[14]

그림 8-9_쌍계사 대웅전종 도면

5 강화동종

그림 8-10에 보인 강화동종(江華銅鐘 : 보물 제11-8호)은 1711년(숙종 37) 사인思印 비구가 만들었다. 인천광역시 강화군 강화역사박물관에 있다. 1886년(고종 3) 병인양요 때 프랑스군이 가져가기 위해 남문 밖 연교까지 반출했으나, 너무 무거워 버리고 갔다. 구경 141cm, 높이 193cm, 두께 15cm, 중량 3,912kg이다. 용뉴는 U자를 엎어놓은 모양에 양쪽에

그림 8-10_강화동종

용두가 붙어 있는 쌍용이다. 용통甬筒이 없는 것이 특색이다. 종신의 중복에는 2조의 태조선 횡대가 돌려져 있다. 종견 밑 상대에서 떨어진 곳에 유곽을 4개 배치했다. 유곽 내에는 간략한 연꽃으로 장식된 9개의 유두가 있다. 종견의 입상대는 간략하게 소문으로 장식했다. 문양은 저부조로 단조로운 느낌을 준다. 종신에는 당좌가 없고 명문만 있다. 하대는 보상당초문으로 장식했다.[15]

6 그 외 조선종

해인사 홍치4년명종

해인사는 유명한 고려대장경이 보관되어 있어서 법보法寶의 사찰로 불린다. 해인사의 대표적 범종은 성보박물관에 있는 그림 8-11의 홍치4년명종(보물 제1253호)이다. 홍치4년인 1491년(성종 22년)에 주성된 이 종은 구경 57cm, 전고 84.8cm, 두께 5.8cm이다. 용두는 쌍용으로 비교적 작은 편이나, 눈, 코, 입이 사실적이고 5개의 발가락을 갖고 있다. 우리 종의 발가락은 신라종과 고려종에서는 4개였으나, 이 종에서는 보신각종과 같이 5개로 대조적이다. 이 종의 음통은 없으나 1개의 구멍이 천판 중앙에 뚫려 있다.

그림 8-11_해인사 홍치4년명종

흥천사종

그림 8-12에 보인 흥천사종興天寺鐘(보물 제1460호)은 현재 덕수궁에 있다. 이 종은 1462년(세조 7)에 태조의 후비인 신덕왕후의 명복을 기원하기 위해 주성되어 왕후의 능 근처의 흥천사에 봉안했다. 훗날 흥천사가 화재로 소실되어 경복궁, 창경궁을 거쳐 덕수궁으로 옮겨졌다. 이 종은 구경 171.2cm, 견고 282cm의 대종이다. 현존하는 조선시대 동종 중 가장 오래되었다. 용뉴는 쌍용

그림 8-12_흥천사종

으로 되어 있고 종정에 음통이 없는 전통 신라, 고려 종 양식에 중국 종 형식이 가미된 한·중 혼합형이다. 이 양식은 조선 전기종인 보신각종, 낙산사종, 봉선사종과 후기 종인 현등사종, 보광사종, 고견사종 등에 영향을 미쳤다. 용뉴의 정상부에 여의주가 있고, 우리나라 전통의 종신 형상, 4개의 유곽, 4구의 보살상, 하대 등과 중국 형식의 용뉴와 태조선을 채택한 것을 볼 수 있다.

삼막사종

삼막사는 경기도 안양시 석수동의 삼성산에 있는 절이다. 677년(신라 문무왕 17)에 원효·의상대사와 윤필거사 3인이 관악산에 들어와 막을 치고 수도에 들어갔었다는 옛 이야기를 따라 '세 명의 성인들의 산'이라 하여, 삼성산 三聖山이라 명하고, 그곳에 절을 짓고 삼막사라고 했다. 그림 8-13에 보인 삼막사종三幕寺鐘은 1625년(인조 3)에 주조되었다. 구경 60.5cm, 전고 102.1cm이다. 용뉴는 쌍용이고 음통과 당좌가 없으며 4개의 유곽과 보살상과 위패형 문양이 있다. 우리나라 전통의 형식과 중국의 형식이 혼합된 형태다. 이 종은 1991년 대웅전 화재로 소실되었다.

그림 8-13_삼막사종

고견사종

고견사는 경남 거창군 별유산에 있는 절이다. 고견사는 해인사보다 130년 먼저 창건되었고, 그 후 고견사 스님이 새로운 절터를 가야산에 구하여 지은 것이 현재 해인사의 기원이라고 한다. 그림

8-14에 보인 고견사종古見寺鐘(보물 제1770호)은 1630년(인조 8)에 주성되었다. 구경 59cm, 전고 100.5cm, 두께 4cm이다. 종의 용뉴는 쌍용으로 되어 있고, 용뉴 상부에 여의주가 있는 특이한 형식을 보여준다. 종어깨 부분에 연꽃잎을 배치한 견대가 있고, 그 아래에 4개의 유곽, 4구의 보살좌상과 4개의 위패문양이 있다. 이 종에는 중국양식의 태조선이 여러 곳에 있다. 견대, 상단·하단의 중대, 하대의 위와 아래에 태조선이 돌려져 있다.

그림 8-14_고견사종

법주사숭정구년명종

법주사는 충청북도 보은군 속리면 속리산에 있는 절이다. 553년(신라 진흥왕 14)에 지은 사찰이다. 그림 8-15에 보인 법주사숭정구년명종法住寺崇禎九年銘鐘은 1636년(인조 14)에 주조되었고, 구경 48.2cm, 전고 76.2cm이다. 종의 최상부에는 우리나라 전통의 용뉴인 단용과 음통은 물론 상대, 하대와 유곽이 있다. 그러나 종 천판 둘레에는 고려종의 양식이며, 세워져 있는 띠 모양인 입상대立狀帶

가 있다. 머리에 보관을 쓴 보살입상, 범자문, 위패문과 태조선이 있어서 신라종, 고려종, 조선종의 구성요소를 함께 갖춘 종이다. 특히 유곽 아래에 범자문을 돌린 것은 다른 종에서 볼 수 없는 양식이다.

보광사종

보광사는 경기도 양주군 백석면에 있는 고령산에 있는 사찰이며, 894년(신라 진성여왕 8)에 창건되었다. 임진왜란 당시 사명대사가 3,000명의 승병을 거느리고 권율장군을 도와 왜적을 물리친 근거지로 피밭골로도 불린다. 그림 8-16에 보인 보광사종普光寺鐘(경기도 유형문화재 제158호)은 1634년(인조 12)에 주조되었다. 구경 63.7cm, 전고 94.5cm이다. 종의 용뉴는 쌍용으로 되어 있고 종 상부에 여의주가 있다. 종 상부에 4개의 유곽과 머

그림 8-15_법주사숭정구년명종

그림 8-16_보광사종

리 뒤에 두광頭光을 갖는 보살입상이 구름 위에서 합장하고 있는 아름다운 문양이 있다. 이 종도 종신, 유곽과 보살상 등 우리나라 전통의 형식과 쌍용의 용뉴와 태조선이 있고 당좌가 없는 중국 형식이 혼합된 형태를 보이고 있다. 유곽 사이에 보살과 인도의 고대어인 범자梵字가 배치되는 등 여러 새로운 양식을 보여주고 있다.

마곡사종

마곡사는 충청남도 공주시 사곡면의 태화산에 있는 절이다. 640년(백제 무왕 41)에 창건되었다. 백범 김구 선생이 구한말 명성황후 시해에 가담한 일본인 장교를 황해도 안악군 치아포 나루에서 잡아 죽인 후 인천 형무소에서 옥살이를 하다 탈옥, 미곡사의 승려로 가장하여 3년간 은신한 곳이다. 그림 8-17에 보인 마곡사종 麻谷寺鐘은 1654년(효종 5)에 대흥大興 안암사安岩寺에서 주조했는데, 마곡사에 옮겨 소장하고 있다.

그림 8-17_마곡사종

구경 75cm, 전고 104.5cm이다. 종의 용뉴는 여의주를 가진 쌍용으로 되어 있고, 상대에는 2단의 범자문양,

하대는 우리나라 전통의 연화당초 문양으로 되어 있다. 유곽 4개가 전후좌우에 있고, 유곽 사이에 보살입상 4구가 있고, 종의 배 부분에도 보살입상 4구가 있어 다른 종에서 볼 수 없는 형식을 채택하고 있다.

봉은사 강희명종

봉은사는 서울시 강남구 삼성동에 있는 절이다. 794년(원성왕 10)에 창건되었다. 그림 8-18에 보인 봉은사 강희명종奉恩寺 康熙銘鐘은 1682년(숙종 8)에 주조된 종으로 명문에 강희 21년이 기록되어 있다. 종은 구경 53cm, 전고 82.5cm이며, 우리나라 전통 양식인 단용의 용뉴와 음통을 가진 종이다. 상대에는 62자의 2단 범자문양이 있고, 하대는 전통의 연화당초 문양으로 되어 있다. 4개의 유곽과 4구의 보살입상이 있으나 당좌는 없다. 종의 명문은 유곽과 보살입상의 아래인 종의 배 부분의 명문대에 기록되어 있다. 이 종은 조선조 후기 종의 특성을 잘 구비했고 주조의 작품성도 매우 우수하다.

그림 8-18_봉은사종

화계사종

화계사는 서울시 도봉구 수유리의 삼각산에 있는 절이다. 1522년(중종 17)에 창건되었다. 이곳에는 대원군이 쓴 현판과 천 년 전에 만들어진 목어木魚가 있다. 그림 8-19에 보인 화계사종華溪寺鐘은 1683년(숙종 9) 경상북도 풍기(현재 영주)에 있는 소백산 희방사대종으로 주조되었고, 1898년에 화계사로 옮겨졌다. 종은 구경 67.6cm, 전고 97.4cm다. 용뉴는 쌍용이며 천판이 반구형이다. 상대는 2단으로 된 범자문양으로 구성되어 있고, 그 밑에 4개의 유곽이 있으며, 유곽 사이에 4개의 위패형 문양이 배치되어 있다. 하대에는 연화문양과 당초문양이 장식되어 있다.

그림 8-19_화계사종

통도사 대종

통도사는 경상남도 양산군 영축산에 있는 절이다. 산의 모습이 부처님이 설법하신 인도의 영축산의 모습과 통하고, 진리와 불경의 어려운 뜻을 잘 통하도록 해석하여 일체 중생을 제도한다는 의미로 사찰 명을 통도사라고 했다. 통도사는 646년(신라 선덕여왕 15) 자장율사慈藏律師에 의해 창건되었다. 그림 8-20에 보인 통도사 대종通度寺 大鐘은 1686년(숙종 12)에 주성되었다. 구경 107cm, 전고 146.5cm의 대종이다. 종

그림 8-20_통도사대종

정상부에 우리나라 전통의 단용의 용뉴와 음통이 있다. 천판은 원호모양으로 되어 있고, 상대는 2단의 범자 문양으로 구성되어 있다. 4개의 유곽과 구름위에 보관과 법의를 갖추고 연꽃을 들고 합장한 4구의 보살상이 배치되어 있으며 당좌는 없다. 종 복부에는 명문이 양각되었고, 하대는 꽃문양의 화문으로 장식되었으며, 명문과 하대 사이에 팔괘八卦 문양을 돌린 전통적인 조선종이다.

현등사종

현등사는 경기도 가평군에 소재한 사찰이다. 그림 8-21에 보인 현등사종懸燈寺鐘(보물 제1793호)은 1619년(광해군 11년)에 주조되었고, 구경 59cm, 전고 77cm의 종이다. 한중 혼합 방식의 종으로 상대, 당좌, 보살상은 없고 중대中帶를 갖고 있는 것이 특징이다.

그림 8-21_현등사종

9
현대 우리종

1 보신각새종

보신각普信閣은 한국전쟁 때 불타 없어졌고, 1953년 재건되었다. 1979년 도로확장공사로 현재의 위치인 광화문 종각 자리에 중건되었다. 보신각종에 균열이 발견되어 1985년 8월 2일 국립박물관으로 이전, 보존하고 보신각새종을 만들게 되었다. 우리종은 균열이 발생한 예가 많다. 신라 상원사종, 고려 용주사종, 조선 범어사종, 직지사종 등도 균열이 생겨 새 종을 만들었다.

1984년 1월, 새 종을 제작하기 위하여 윤보선 전 대통령을 위원장으로 하는 보신각종 중주위원회가 탄생되었고 이 위원회내에 주종분과위원회가 구성되었다. 종을 주성하는데 드는 비용은 국민의 성금으로 이루어졌다. 주종분과위원회에서 "현재 보신각종은 소리, 형태, 조각 등에 결함이 많으므로 새로 주조하는 종은 현대과학과 미술이 집약된 종을 제작한다."는 의견이 모아졌다. 이 안이 보신각종 중주위원회의 운영위원회에서 통과됨으로써 사업이 추진되었다. 1984년 8월 22일 중주위원회는 서울대학교 생산기술연구소(연구책임자 염영하, 공동연구자 이장무·이영배·나형용·강춘식·성굉모 교수)와 종 주조 일괄 용역을 체결했다. 연구소는 문양조각을 서울대학교

그림 9-1_1985년 8월 15일 거행한 보신각새종 타종식

미술대학의 강찬균 교수에게 의뢰했다. 용두와 음통의 조각은 김번 선생이 맡았다. 10월 3일 주종 작업을 할 업체로 성종사를 선정하고 주종 계약을 체결했다. 1985년 7월 14일 구경 230cm, 높이 378cm, 중량 20톤의 보신각새종 주조에 성공하고, 그림 9-1에서 볼 수 있듯이 8월 15일 제40회 광복절에 타종식을 했다.[1]

1) 종의 규모

종의 크기는 원래의 보신각종과 같이했다. 표9-1에서 알 수 있듯이 보신각새종의 구경, 전고, 두께, 중량 등을 거종巨鐘인 성덕대왕신종·보신각종과 비교하면 구경에서는 다른 두 종보다 약간 크고,

높이에서도 가장 크다. 종구의 두께에서는 보신각종의 치수보다 훨씬 작고 성덕대왕신종의 치수에 가까운 값을 보이고 있다. 중량은 3개의 종이 유사한 약 20톤이다. 종소리와 문양의 아름다움에서 성덕대왕신종이 훨씬 우수하므로 두께와 용뉴 등의 자료를 많이 참조했다.

표 9-1_보신각종, 성덕대왕신종과 보신각새종의 규격 비교

번호	구분	보신각종	성덕대왕신종	보신각새종
1	구경	2220mm	2227mm	2230mm
2	높이전고	3647mm	3663mm	3780mm
3	종구두께	320mm	203mm	194mm
4	중량	19.6 톤	18.9 톤	19.6 톤

2) 종의 문양과 조각의 상징

종 설계팀은 종의 새로운 정신적인 상징을 표현하기 위한 내용이 필요했다. 예를 들면 「자유의 종」·「우정의 종」·「서울시민의 종」·「평화와 화합의 종」 등의 명칭과 내용을 종 표면에 나타내는 것이 바람직했다. 보신각새종은 역사적인 전통의 뿌리와 민족정기를 대대손손 이어가며 국민적인 단합과 무한한 발전을 염원하는 시민의 성금으로 탄생하게 되는 종이라고 생각했다.

그림 9-2에서 볼 수 있듯이 보신각새종의 상징에는 한국사상의 근본을 상징하는 태극형성도太極形成圖를 기본으로 하고, 무궁화

그림 9-2_디자인 최종안 (1)측면도 (2)정면도

로 금수강산을 장식했다. 4계절의 꽃 문양대는 우리의 고향을 뜻하며, 조국의 새로운 세계창조와 번영을 나타낸다. 이를 토대로 4개의 시안을 만들었다. 모두 용뉴는 신라종의 용두와 음통을 갖도록 하고 종복에는 비천상 대신 역동적인 태극을 배치했다. 1안은 전통 양식인 유곽과 상하대를 그대로 살렸고, 전통 종의 유두 대신 끊임없는 생명력을 상징하는 무궁화를 넣었다. 2안은 종신 상단부의 유곽은 흔적만 남기는 정도로 추상화함으로써 전체적인 도형의 중압감을 해소시키고 종 복판의 태극을 자연스럽게 강조하고 용뉴는 용트림으로 처리했다. 3안은 2안과 유사한 디자인이나 유곽의 흔적을 좀 더 분명히 처리했고, 음통과 용두 대신 무궁화 뿌리를 조형화하여 우리 민족의 오랜 역사와 생명력을 표현했다. 4안은 전통적인 종 표면 디자인을 완전히 벗어나 표면 전체를 전통 문양인 당초문대로 가득 채우고 상대와 하대에는 당초문과 무궁화를 유기적으로 결합하여 우리 문화의 발전을 표현했다. 4개 시안을 내고 시민과 전문가의 의견을 들었다. 용뉴는 밑에서 타종을 하면 용의 울음 소리가 종소리가 된다는 전설을 따르고, 신라종의 전통을 따르자는 의미에서 신라종 형식의 용두와 음통을 갖는 용뉴로 하고 무궁화 문양으로 민족의 뜻을 담으며 현대적 단순미와 속도감에 전통미를 더하자는 의견을 반영하여 2안에 가까운 안으로 결정했다.

최종 종합된 보신각새종의 설계 제작에 대한 연구를 요약하면 다음과 같다.[2]

문양의 개념

우주만유의 근원체인 태극형성도는 한국사상의 근본으로서 '우리의 뿌리'를 상징하며 세계 중심 사상을 표현한다. 무궁화는 화려한 금수강산을 수놓는 사계절의 꽃 문양대와 함께 '고향'을 뜻하며, 또 '조국'의 새로운 세계창조와 번영을 나타낸다. 그림 9-2의 종 전체 디자인의 태극 형성도 쪽의 사진과 당좌 쪽 사진의 문양에 이러한 개념을 적용했다.

용뉴와 음통

디자인 도면의 용뉴에서 용의 위용에서 상징되는 기상과 음통의 무궁화 장식은 영원한 생명력으로 조국의 번영, 국운의 장구함을 나타냈다.

상징적 태극형성도

음양의 상호작용으로 형성되는 태극은 우리나라의 뿌리, 단합과 창조를 상징한다. 태극은 한국사상의 근본으로서 자유와 평화를 사랑하고 민주이념을 실천하는 민족정신의 표상이며 조국의 번영과 세계 창조의 원동력을 갖는다.

상대와 하대

무궁화를 중심으로 과거부터 현재까지 사계에 피는 꽃(상대 : 철쭉, 카네이션, 부용, 포인세티아, 민들레, 난초, 목화, 수선화. 하대 : 개나리, 연꽃, 국화, 동백, 배꽃, 모란, 코스모스, 매화)을 당초문대 형식으로 구성하여 화려한 금수강산을 표현했다. 그 속에서 피웠던 찬란한 우리 문화의 배경에서 조국의 기상과 자유, 평화 애호의 숭고한 정신을 표현했다.

본서의 저자들과 디자인한 강찬균 교수간에 유곽 내에 유두를 넣을 것이냐 마느냐로 심도있는 논의가 있었다. 최종적으로 새로운 디자인을 바라는 강 교수의 의견을 받아들여 유두를 넣지 않았다. 이렇게 하여 유두가 없는 새 종이 나왔다.

유곽

태극기의 사괘를 간결하게 시각화하여 천지일월, 춘하추동의 자연 현상과 동서남북으로 번영하는 국가상을 표현했다.

당좌

　복엽판의 무궁화는 국가안녕과 통일을 기원하는 창으로서 융성한 조국 문화 발전과 번영을 상징하게 했다. 종 전체의 설계·주종 책임자(염영하 교수)는 문양이 전체적으로는 잘되어 있으나 용두 디자인이 왜소한 느낌을 주므로 조각 책임자가 보완할 것을 요구하여 실행되었다. 또 유곽을 단순하게 처리하여 종 중앙의 태극형성도와 잘 어울리나 상하대의 꽃문양이 너무 복잡하여 종 전체의 단순미를 반감시켰다고 지적했고, 당좌의 무궁화 꽃술이 위쪽을 향하고 있어서 요철이 생겨 타종 때 접촉이 원활하지 못하여 잡음이 발생될 것이므로 신라종처럼 현명하게 방사동심放射同心 대칭형으로 해줄 것을 문양 담당자에게 요청했으나 반영되지 못했다.

3) 종형 구성의 기본도 작성

　종 설계의 기본은 구성 요소의 치수와 배치를 결정하는 일이다. 우리종의 경우에 일반적으로 구경을 기준으로 하여 상호 비례 관계에서 외형 치수를 계산할 수 있고, 이것을 사용하여 기본도를 작성한다. 종형 구조에서 가장 중요한 것은 종의 두께 분포다. 종은 주조품이지만 종의 생명인 소리(음향)가 좋아야 하고, 조각과 미술조각인 문양이 있어서 보통의 주조품과는 완전히 다르다. 종 구조설계는 음향설계, 문양 도안과 조각을 동시에 고려하고, 주조공정도 함께 고려하게 된다. 제작할 종의 규모에 따라 구체적인 형상과 단면 치수를 작성한다. 중량에 따라 구경 치수, 종신고, 음통 높이, 두께,

상하대, 당좌 크기와 위치, 비천상의 형상, 용두 조각과 기타 치수 등을 결정했다. 또 구상된 각 부위 문양을 도면화했다. 더불어 주종 담당 회사인 성종사의 원광식 대표와 함께 종 제작에 필요한 모형, 조각, 주형제작법, 합금, 용해로 시설, 탈산과 가스처리법 등에 대한 구체적인 방안과 전체 종 제작에 관한 추진 업무 관리 계획을 만들어 수행했다. 종의 두께 분포 결정, 종 중량의 결정은 컴퓨터 수치계산에 의해 시행 오차 교정법을 이용해 이루어졌다.

4) 주형, 합금과 용해

주형은 실 중량 20톤의 종을 만들 수 있도록 제작했다. 신라시대부터 상부 주입top pouring 방식을 사용했으나 보신각새종은 측면 4개소에서 주입하는 측면 주입side pouring 방식을 사용했다. 이것은

그림 9-3_보신각새종 주형

그림 9-4_위에서 본 보신각새종 주형

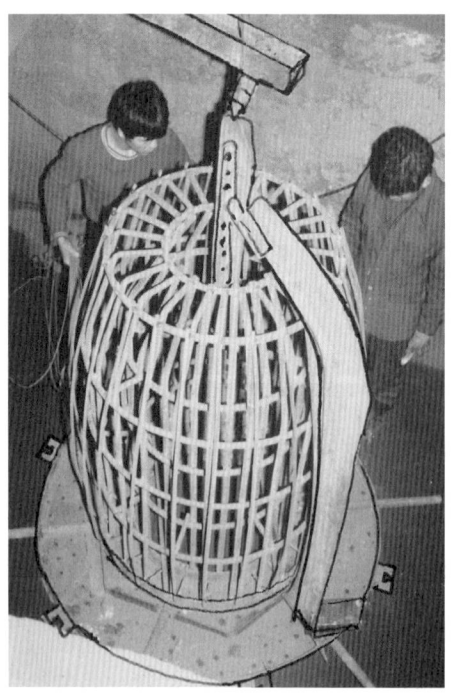

그림 9-5_코어 구조

그림 9-6_보신각새종 용뉴 주형몰드

그림 9-7_조각된 석고 문양

그림 9-8_보신각새종 쇳물 용해로

그림 9-9_보신각새종 쇳물 래들과 쇳물 주입 게이트

처음 시도된 방식이다. 그림 9-3과 9-4에 보인 주형은 4단으로 되어 있어 전에는 3단까지 사용했으나 4단식은 최초였다. 주조형은 일반적인 방법에 준했으나, 대형이므로 어려움이 많았다. 특히 문양 지문판의 전사轉寫와 건조에 고심했다. 그림 9-5에 보인 구조는 코어를 만드는데 사용했다. 용뉴는 그림 9-6의 상단 사진과 같이 점토로 조형물을 만들고, 이로부터 하단 사진과 같은 파라핀 형태의 용뉴를 만들어 주조에 사용하는 밀납식을 사용하지 않고 파라핀 왁스 wax 공정을 썼다. 종체 표면의 문양들은 그림 9-7에서 볼 수 있듯이 석고 조각 문양을 이용한 주형으로 만들어졌다.

합금은 구리와 주석(17%)의 청동합금을 사용했다. 주조는 도가니로를 사용하여 동합금을 만들고 이것을 재용해하기 전에 20kg의

잉곳ingot을 만들어 용해해서 사용했다. 사용한 구리와 주석은 전부 99% 이상의 순도를 갖는 소재를 썼다. 용해에는 그림 9-8에서 볼 수 있듯이 2톤 용량의 도가니로crucible furnace를 사용했다. 도가니에서 용해된 쇳물은 탈산처리와 탈가스 처리 후에 그림 9-9에서 볼 수 있듯이 6톤 용량의 래들laddle에 모아서 4개소에서 동시에 주입했다.

5) 음향 설계

음향 설계는 종소리를 설계하는 것으로서 좋은 소리의 요소를 구비해야 한다. '좋은 종소리'는 첫째, '맑은 소리', 즉 잡음이 없고 귀에서 아름다운 소리로 감지할 수 있어야 한다. 둘째, 종의 여운이 길어야 한다. 셋째, 뚜렷한 맥놀이가 있어야 한다.

3대 요소를 갖춘 종에서 첫째 조건은 종에 사용한 합금 성분 비율, 쇳물과 주조 직후의 종의 냉각 속도, 불순물 없는 재질, 탈산과 탈 가스 등과 관계가 있다. 둘째와 셋째 조건은 종의 형상, 두께 분포, 문양 조각 배치와 크기, 감쇠 특성과 깊은 관계를 갖고 있다. 음향 설계는 종이 동적인 힘을 받을 때에 변형되어 떨리는 탄성체이므로 고체역학, 탄성학, 진동학적인 이론과 음향학의 고도의 지식이 필요했다. 이러한 이론을 적용해서 실제의 종 해석을 할 때는 유한요소 해석이라는 컴퓨터 수치해석을 수행했다.

보신각새종 주조 직후에는 타종 때 종소리의 맥놀이가 거의 없었다. 단조롭게 '띵⋯'하는 종소리였다. 이것은 종의 미소 비대칭 특성과 당좌의 원주상의 당시 위치가 잘 맞지 않아서 생긴 결과였

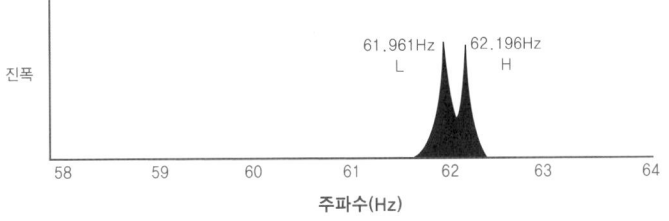

그림 9-10_보신각 종소리 주파수 스펙트럼

다. 종 주성의 총책임자인 염영하 교수와 음향설계 책임자인 저자(이장무)는 물론 관계자 모두 크게 실망했다. 당좌는 주조 전에 이미 결정되어 종 주조가 끝났으므로 고칠 수가 없고, 종의 주조 오차와 문양 등으로 생긴 미소 비대칭의 특성을 바꿀 필요가 있었다. 과거의 연구 결과를 활용해서 종 내부의 특정 부분을 연삭해서 맥놀이 특성을 변경하고 싶었다. 저자(이장무)는 종 주조를 한 성종사의 원광식 대표에게 7~8억의 돈이 들어간 종에 손을 대서 연삭을 해도 되는가를 묻고 설득하는 일이 큰일이었다. 우선 원 대표에게 200kg 정도의 종 하나를 구해달라고 했다. 이 종을 타종해서 소리를 들었다. 맥놀이가 아주 아름다운 종이었다. 원 대표에게 이 종의 진동 특성 실험을 해서 비대칭 양상을 파악한 후 종 내부의 하부의 특정 부분을 연삭해서 종의 맥놀이가 완벽하게 사라지는 것을 보여줬다. 하부는 다른 부위와 달리 조금만 연삭해도 미소 비대칭 변화 효과가 있는 것을 이전의 연구에서 확인한 터였다. 그런 후에 다시 종 내부의 하부의 다른 특수 부위를 연삭해서 원래의 맥놀이 특성을 갖게 했다. 원 대표는 물론 많은 관계자가 경이로운 눈으로 이를 지켜

보았다.

　결국 원 대표는 물론 관계자 전원의 동의를 받아 약 20톤의 거종을 기중기로 들어 올리고 작업자와 함께 종 속에 들어가서 연삭할 부위를 알려주고 조금씩 절삭하게 하고 종의 진동 형태가 어떻게 변하는지를 실험하고 관찰하는 작업을 반복한 끝에 그림 9-10과 같은 좋은 맥놀이 소리를 만들 수 있었다. 그림 9-10의 인접한 두 주파수의 세기(크기)가 거의 같게 나오는 것은 소리가 완전하게 사라졌다가 다시 완벽하게 살아나는 이상적인 맥놀이 여운 소리를 갖게 되었다는 것을 의미한다. 모든 주종 관계자들은 환호성을 울리면서 기뻐했다. 다시 수개월의 주종 작업을 하고 많은 경비 손실을 초래할 뻔했는데 첨단 현대 과학의 기술로 해결한 것이다. 신라시대에는 주조된 종이 맥놀이 없는 종으로 판명되면 다시 녹여서 주조하는 것을 반복했을 것으로 생각하니 종 주조를 할 때 신라, 고려, 조선인들이 얼마나 고심했는지, 또 탁월했는지를 알 수 있다. 이러한 어려운 과정을 통해서 보신각새종이 탄생되어 그림 9-1과 같이 성대한 타종식을 갖게 되었고 매년 연말에 제야의 종으로 사랑받는 우리종이 되었다.

2 그 외 현대종

화천 세계평화의종

세계 각국의 분쟁지역과 한국전쟁 전사자 유해발굴지에서 수거한 탄피를 함께 녹여 세계 평화를 염원하는 취지로 2008년 성종사에서 제작하였다. 중량 1만 관(38톤)에 종전고 5m, 구경 3m의 현존하는 국내 최대의 종이다. 종의 큰 규모에 따라 고유주파수는 매우 낮은 57Hz, 149 z, 165 Hz, 202Hz, 256Hz에서 발생한다. 57Hz의 여음은 너무 낮아 잘 들리지 않으나, 149Hz의 2차음이 다른 고차 음과 어울려 거종의 웅장한 울림을 뿜어낸다. 세계 평화를

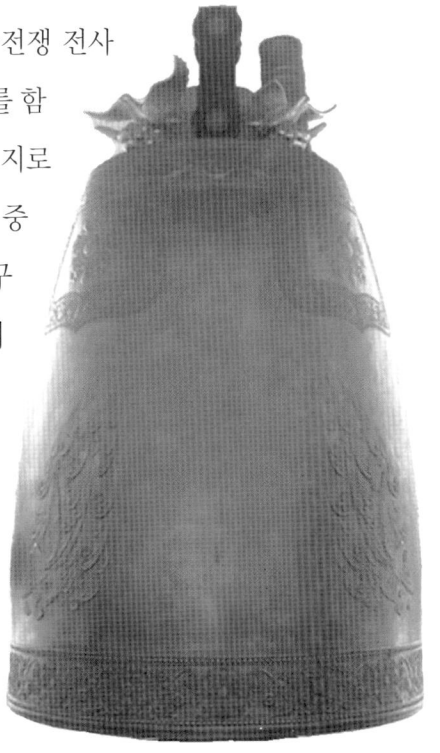

그림 9-20_화천 세계평화의종

염원하고 분쟁을 종식시키기 위한 큰 울림을 퍼뜨리는 역할을 하고 있다. 2009년 준공한 화천 세계평화의종공원에 있으며 방문객들에게 타종을 개방하고 있다.

포천 시민의종

2006년 포천시 승격 2주년을 맞아 시민의 안녕과 희망찬 미래를 기원하면서 새롭게 발전하는 포천의 기상을 알리고 평화적 남북통일을 염원하는 취지로 주조되었다. 성덕대왕신종의 외관을 기초로 했고, 문양도 전통적 양식으로 배치했다. 서울대학교 정밀기계설계공동연구소의 설계 감리(책임자 : 나형용)로 성종사에서 주조했다. 중량 15톤(4,000관), 종전고 3.3m, 종신고 2.66m, 구경 2.04m, 하대 두께 20cm의 중대형 범종이다. 구리 82.6%와 주석 17.2%의 주석청동

그림 9-21_포천 시민의종

을 사용하여 표면과 몸체에 주조결함이 전혀 없이 깨끗하게 주조되었다. 여음의 주파수는 79Hz이며 5.3초의 선명한 맥놀이로 웅장하

고 아름다운 소리를 낸다. 포천시 군내면 청성역사공원에 있다.

독립기념관 통일의종

1995년 평화통일을 염원하는 온 국민의 뜻을 담아 독립기념관경내에 통일염원의 탑을 건립하고 그 중앙에 통일실천을 상징하는 통일의 종을 설치했다. 서울대학교 정밀기계설계공동연구소의 설계 감리(책임자 : 이영배 교수)로 홍종사

그림 9-22_독립기념관 통일의종(출처 독립기념관 홈페이지)

에서 주조했다. 중량은 약 10톤으로 종전고 3m, 종신고 2.5m, 구경 1.75m, 하대 두께 13.6cm의 중대형 전통 범종이다. 여음과 기본음의 주파수는 69Hz, 185Hz로 웅장하고 힘찬 타격음과 은은한 여음을 낸다. 다른 한국종과 달리 지하에 설치된 종각에 매달아 타종하는 독특한 방식이므로 소리가 밖에서보다 내부 공간 내에서 강하고 오래 들을 수 있다.

충북 천년대종

2000년의 새로운 천년을 시작하면서 충북인의 창조적 개척정신을 결집하여 희망찬 충북을 구현하고자 하는 충북 밀레니엄 사업의 일환으로 1999년 주조되었다. 서울대학교 정밀기계설계공동연구소의 설계 감리(책임자 : 나형용)로 성종사에서 주조했다. 성덕대왕신종을 기본 모형으로 전통 한국종의 예술성과 충북의 향토성을 상징하는 문양으로 조형되었다. 중량 21톤, 종전고 3.9m, 종신고 3m, 구경 2.2m, 하대 두께 20cm의 큰 종으로, 구리 82%, 주석 17% 재질을 사용했다. 여음과 기본음 주파수는 60Hz, 163Hz로 중후한 저음의 타격음을 뿜어낸다. 특히 4.8초 길이의 매우 선명한 맥놀이가 끊어지다가 다시 살아나며 여음이 길게 이어진다. 청주시 예술의전당 공원에 있고 각종 행사에서 타종하고 있다.

그림 9-23_충북 천년대종

부여 백제대종

2014년 부여군 개군 100주년을 맞아 군민의 화합과 평안, 군의 힘찬 도약과 번영을 염원하며 제작되었다. 중량 3000관(11.25톤)에 종전고 3.2m, 종신고 2.47m, 구경 1.85m, 하대 두께 16.5cm의 중대형 종이다. 여음의 주파수가 76Hz의 적절한 음역에 있어, 타격음이 웅장하면서도 오래 들린다. 강원대학교 산학협력단의 구조 설계와 음향 감리(책임자 : 김석현)로 성종사에서 주조했다. 부여군청 종각에 걸려 있으며 백제문화제 행사나 제야에 타종하고 있다.

그림 9-24_부여 백제대종

광주 민주의종

2005년 11월 광주광역시에서 민주·인권·평화 도시의 상징물로 건립했다. 중량 8,150관(30.5톤)은 8·15 광복절과 5·18 민주화운동을 기리는 의미를 담는다. 서울대학교 정밀기계설계공동연구소의 설계 감리(책임자 : 나형용)로 성종사에서 제작했다. 구리(Cu) 82%, 주석(Sn) 16.5%의 주물청동을 사용했고, 종신고 3.4m, 구경 2.5m,

그림 9-25_광주 민주의종

하대 두께 25.7cm, 음통 길이 80cm의 웅장한 규모로 제작되었다. 크기에 걸맞게 여음의 주파수는 63Hz로 낮으며, 기본음 주파수는 165Hz로 웅장한 소리를 낸다. 당좌위치가 이상적이어서 뚜렷한 맥놀이가 소리의 웅장함을 더한다. 3·1절과 5·18민주화운동 기념일, 8·15 광복절, 11월 1일 광주시민의 날, 12월 31일 제야에 타종하고 있다.

경북대종

1997년 경상북도의 정명定銘 100주년을 맞아 도민의 화합과 일체감을 조성하고자 제작했다. 도에 대한 자긍심을 고취시키고 환태평양시대에 남북통일을 열망하면서 중량 28.9톤(7700관)의 큰 조형물로 제작되었다. 성덕대왕신종의 외관을 기본 구조로 하여 서울대학교 정밀기계설계공동연구소의 설계감리로 성종사에서 주조했다. 종전고 4.23m, 종신고 3.43m, 구경 2.52m,

그림 9-26_경북대종

하대 두께 23.5cm의 큰 종이다. 거대한 규모만큼 여음과 기본음의 고유주파수가 56.5Hz, 149Hz로 성덕대왕신종보다 낮다. 저음의 매우 장응한 타격음을 낸다. 맥놀이 교정을 통하여 6초 주기의 여음의 숨소리가 끊어지다가 다시 살아나며 길게 이어진다.

사천 시민대종

사천시 정명定銘 600주년을 기리며 사천 시민의 평안과 사천시의 무궁한 발전과 번영을 염원하는 뜻과 의지를 담아 2013년 서울대학교 정밀기계설계공동연구소 설계 감리(책임자: 나형용)로 홍종사에서 주조했다. 중량 22.5톤(6000관), 종전고 4m, 구경 2.22m, 하대 두께 22.8cm의 큰 종이다. 배 부분이 약간 볼록한 항아리형으로 상원사종을 연상시킨다. 여음은 75Hz, 기본음은 187Hz로 비슷한 규모의 다른 한국 종보다 상당히 높게 나온다. 그 결과 타격음은 장중하면서 힘차서 천지를 흔드는 듯이 들리고, 길게 이어지는 여음을 매우 오래 들을 수 있다. 여음을 만드는 1차음과 타격음을 지배하는 2차음의 맥놀이가 모두 선명하고 강하다. 이 때문에 장중한 타격음이 변화무쌍하면서도 힘차게 들리고, 길게 이어지는 여음은 8.5초의 주기로 끊어질 듯 이어진다.

그림 9-27_사천 시민대종

부산 시민의종

온 국민의 통일에 대한 염원과 부산의 무궁한 발전을 기원하면서 2002년 아시안게임과 월드컵 행사를 기념하여 제작되었다. 전통 한국종인 성덕대왕신종의 기본 구조를 따르면서 세계적인 항구도시로 발돋움하는 부산의 힘찬 기상과 무궁한 번영을 상징하는 문양으로 조형되었다. 서울대학교 정밀기계설계공동연구소의 설계 감리(책임자 : 나형용)로 홍종사에서 주조했다. 구리 84.6%, 주석 15.4%의 전통 한국종 재질을 사용했으며, 종전고 3.86m, 종신고 3.1m, 구경 2.3m, 하대 두께 20.6cm이고 중량 25톤의 큰 종이다. 타격음은 잡음이 없이 매우 맑다. 특히 여음과 기본음의 주파수가 66Hz와 168Hz로 성덕대왕신종의 주파수(64Hz, 168Hz)에 매우 가깝다. 그 결과 성덕대왕신종의 타격음처럼 장중하면서도 조화로운 소리를 낸다. 부산 용두산공원에 있고 제야와 중요 행사 때 타종하고 있다.

그림 9-28_부산 시민의종

불국사 통일대종

신라 불교문화의 대표 사찰인 불국사에서 1989년 토암산 불국사 석굴암 통일대종統一大鐘을 주성했다. 통일대종으로 명명된 것은 우리 민족의 염원을 담은 것이다. 이 종은 서울대학교 정밀기계설계공동연구소 설계 감리(책임자 : 이영배)로 범종사에서 제작했다. 종전고 3.9m, 구경 2.4m, 중량 23.5톤의 큰 종이다. 조각과 문양은 높은 수준의 고증을 통해 신라문화를 대표할 수 있도록 조형되었다. 비천상은 상원사종의 문양을 따르고 주악기만 바꿨다. 대금과 장고를 따서 신라의 국보격인 만파식적을 표현했다. 상하대문양은 비천과 용 문양으로 했다. 유곽 문양은 석굴본존대불의 두광 문양을 따고 그 주위에 당초 문양을 둘렀다. 여음과 기본음의 주파수는 각각 62Hz, 150Hz로 저음의 장중한 타격음을 낸다.

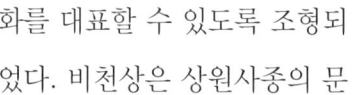

그림 9-29_불국사 통일대종

신라대종

현대의 과학기술로 성덕대왕신종에 가장 가깝게 제작된 현대종이다. 성덕대왕신종의 문양을 따르되 마모가 심한 부분과 주조결함을 보이는 부분은 고증을 통하여 복원했다. 한국범종학회의 학술용역(책임자 : 김석현)으로 2016년 성종사에서 주조했다. 성덕대왕신종의 외관, 크기와 문양을 따르되 성덕대왕신종의 소리에 버금가는 웅장하고 아름다운 소리를 내는 것을 최우선적으로 고려했다. 중량은 신종(18.9톤)보다 약간 무거운 21톤으로 제작되었다. 여음의 주파수는 성덕대왕신종과 같은 64Hz이고, 기본음 주파수는 171Hz로 성덕대왕신종의 168Hz에 가까워 타격음의 음높이가 비슷하다. 타격음의 화음도와 웅장함은 성덕대왕신종의 음색에 가까우며, 맥놀이 조절 기법을 적용하여 성덕대왕신종과 비슷한 약 3초의 여음 맥놀이를 갖는다. 경주시 신라대종공원에 있다.

그림 9-30_신라대종

대만 명선사종

2015년 성종사에서 제작한 대만 최대의 범종이다. 중량 33톤 종신고 3.7m, 구경 2.9m로, 이전에 같은 성종사에서 제작한 대만 불광사종보다 7.5톤이 무겁다. 종체 외관은 원통 모양인 중국 전통 범종의 형상이다. 대만의 명선사에 있다. 종의 표면에는 불교 경전과 관련 인사 70명의 명단 등 1만 2천 129개의 글자가 정교하게 새겨져 있어 정밀 주조기술의 극치를 보인다. 이러한 정교한 조형은 한국 범종의 전통 주조기법인 밀납 주조법으로 가능했다. 원통형의 대형 범종인 관계로 52Hz의 여음 주파수, 135Hz의 기본음 주파수가 상당히 낮게 나온다. 그 결과 맑고 중후한 저음의 타격음을 낸다.

그림 9-31_대만 명선사종

주

1장

1. 염영하, 『한국의 종』, 서울대학교출판부, 1991.
2. Asten, National Carillon Museum
3. 염영하, 『한국의 종』, 서울대학교출판부, 1991.
4. 곽동해, 「한, 중, 일 종의 조형 형식 연구」, 동국대학교 박사학위 논문(지도교수: 정명호), 1999.
5. 염영하, 「중국종에 관한 연구」, 『범종』12·13권 합집, 한국범종연구회, 1990.
6. Asten, National Carillon Museum
7. Thomas D. Rossing, 「고대와 현대, 동 서양 종의 음향학」, 『성덕대왕신종 종합논고집』, 국립경주박물관, 1999.
8. 위의 책
9. 염영하, 『한국의 종』, 서울대학교출판부, 1991.

2장

1. 이기선, 「신라범종의 기본구성에 대하여」, 『범종』, 10권, 1987.
2. 홍사준, 「신라종형고」, 『이홍직 회갑기념논총』, 한국사학회, 1969.
3. 황수영, 「신라범종과 만파식적 설화」, 『범종』5권, 한국범종연구회, 1982.
4. 이기동, 「성덕대왕신종 조성의 역사적 배경」, 『성덕대왕신종 종합논고집』, 국립경주박물관, 1999.
5. 위의 책
6. 위의 책
7. 염영하, 『한국의 종』, 서울대학교출판부, 1991.
8. 위의 책
9. 염영하, 『증보판 한국종 연구』, 한국정신문화연구원, 1988.
10. 위의 책
11. 이장무, 「신라종의 설계에 관한 연구」, 『학술원논문집』, 55집 1호, 대한민국학술원, 2016.
12. 한국고대금석문자료집, http://db.history.go.kr/, 국사편찬위원회
13. 박방용, 「성덕대왕신종의 내력」, 『성덕대왕신종 종합논고집』, 국립경주박물관, 1999.
14. 위의 책
15. 위의 책
16. 유홍준, 『나의 문화유산 답사기1』, 창작과 비평사, 1997.
17. 황수영, 「정원이십년재명(貞元卄年在銘) 신라 동종의 철삭(鐵索)과 철호(鐵壺)」, 『考古美術』2권 12호, 1961.
18. 이병호, 「한국범종의 음관과 명동」, 『한국음향학회지』, 2권 1호, 1983.

19. S.H.Kim, J.M.Lee, M.H.Sung, 「Structural-acoustic modal coupling analysis and application to noise reduction in a vehicle passenger compartment」, Journal of Sound and Vibration, 225(5), 1999.
20. S.W.Kang, J.M.Lee, S.H.Kim, 「Structural-acoustic coupling analysis of the vehicle passenger compartment with the roof, air-gap, and trim boundary」, Transactions of ASME, 122, 2000.

3장

1. 이장무·김석현, 「성덕대왕신종의 설계와 진동음향특성의 연관관계」, 『성덕대왕신종 종합논고집』, 국립경주박물관, 1999.
2. 이장무·전성하·김석현·염영하, 「한국종의 진동특성에 관한 연구」『대한기계학회논문집』 13권 3호, 1989.
3. 송응성, 『천공개물』, 동양문고, 1979.
4. 함인영, 『신라과학기술의 비밀』, 삶과 꿈, 1988.

4장

1. 나형용, 「성덕대왕신종의 주조법에 대한 고찰」, 『성덕대왕신종 종합논고집』, 국립경주박물관, 1999.
2. 이건무(전 문화재청장)의 자료와 의견, 『한국사 시민강좌』, 23집, 1998.
3. 이영배, 「주종기술 해설-청동범종 재료의 조성과 용해방법」, 『범종』, 14·15권 합본, 1993.
4. 나형용, 「성덕대왕신종의 주조법에 대한 고찰」, 『성덕대왕신종 종합논고집』, 국립경주박물관, 1999.
5. 염영하, 「한국범종에 관한 연구(제7보 봉덕사종)」, 『범종』, 6권, 1983.
6. 정명호, 「신라 범종의 주조술에 대한 연구」, 『고고미술』, 162·163호, 1984.
7. 이영배, 「청동주물의 밀납형 주조에 대하여」, 『범종』, 3권, 1980.
8. 이장무, 「성덕대왕 신종」, 『한국사 시민 강좌』 23집, 일조각, 1998.
9. 염영하, 「한국범종에 관한 연구-제7보 봉덕사종」, 『범종』, 6권, 1983.
10. 이영배, 「청동범종재료의 조성과 용해방법」, 『범종』 14·15권 합본, 한국범종연구회, 1993.
11. 나형용, 「성덕대왕신종의 주조법에 대한 고찰」, 『성덕대왕신종 종합논고집』, 국립경주박물관, 1999.

5장

1. 염영하, 『한국의 종』, 서울대학교출판부, 1991.
2. 이병호, 「한국범종의 음향학적 해석」, 한국음향학회지, 1권 1호, 1982.
3. 성원찬 외, 「한국 범종의 장엄함 인자에 관한 연구」, 한국소음진동공학회 학술대회, 2014.
4. 김석현, 『성덕대왕신종의 진동 및 음향특성 분석』, 경주박물관, 2003.
5. 위의 책
6. J.W.S. Baron Rayleigh, 『Theory of Sound』, Vol.1, 2nd ed. Dover Publications, 1945.
7. J. S. Hong and J. M. Lee, 「Vibration of circular rings with local deviation」, Journal of Applied Mechanics, 61(2), ASME, 1994.
8. T.D.Rossing, 「Vibration of Bells」, Applied Acoustics, 20, 1987.
9. S.H.Kim, C.W.Lee, J.M.Lee, 「Beat characteristics and beat maps of the King Seong-deok Divine Bell」,

Journal of Sound and Vibration, 281, 2005.

10. 염영하·이장무·이영배·나형용·강춘식·성굉모,『보신각 새종 설계 제작에 관한 연구』, 서울대학교 공과대학 부설 생산기술연구소, 1985.

11. J.H. Lee, I.S.Park, S.H.Kim, 「Beat map drawing method for large oriental bell based on operational deflection shape method」, J. Mechanical Science and Technology, 30(10), 2016.

12. Y.H.Yum and J.M.Lee, 「A Study on the Vibrations of Korean Bells」, JSME Vibrations Conference' 85, Tokyo, 1985.

13. J.M.Lee, S.H.Kim, S.J.Lee, J.D.Jeong, H.G.Choi, 「A Study on the vibration characteristics of a large size Korean bell」, Journal of Sound and Vibration, 257 (4), 2002.

14. 정지덕,「국부적 두께 변화를 가진 원형 실린더의 진동특성에 관한 연구」, 공학박사학위논문 (지도교수:이장무), 서울대학교, 2002.

15. Soedel,『Vibration of Plates and Shells』, 2nd ed., Marcel Dekker Inc., 1993.

16. J.M.Lee, 「A Study on the sound and vibration of Korean bells」, Keynote Speech, Asia Vibration Conference, Shenzen, China, 1989.

17. 이장무,「신라종의 설계에 관한 연구」,『학술원논문집』, 55집 1호, 2016.

18. 김석현, 정원태, 강연준,「성덕대왕신종의 맥동과 간극의 공명조건」, 한국음향학회지, 30권 4호, 2011.

19. 염영하, 곽재경, 윤종호, 「한국범종의 음관에 관한 기초연구」,『범종』, 5권, 1982.

20. 김양한,「성덕대왕신종의 음향 진동 측정 및 특성 분석」,『성덕대왕신종 종합논고집』, 국립경주박물관, 1999.

21. 이병호,「한국범종의 음관과 명동」, 한국음향학회지, 2권 1호, 1983.

22. 염영하,「한국범종에 관한 연구(제7보 봉덕사종)」,『범종』, 6권, 1983.

6장

1. 함인영,『신라 과학기술의 비밀』, 삶과 꿈, 1998.
2. 이장무,「신라종의 설계에 관한 연구」,『학술원논문집』55집 1호, 2016.
3. 최응천,「한국 범종의 특성과 변천」,『성덕대왕신종 종합논고집』, 국립경주박물관, 1999.
4. 정현조·의숙공주발원문」(보물 제793-1호). www.memorykorea.go.kr
5. 황수영,「오대산 상원사 동종의 반이 사실」,『황수영전집』3, 혜안, 1998.
6. 염영하,『한국의 종』, 서울대학교 출판부, 1991.
7. 鮎貝房之進, 1934『上院寺鐘記』『雜攷』6-上
8. 葛城末治, 1935『朝鮮金石攷』
9. 黃壽永, 1962「上院寺銅鐘의 搬移事實」『歷史學報』16
10. 최응천, 1997「통일신라 범종의 특성과 변천」『경주사학』16
11. 김재홍, 2012「신라통일기의 분석과 사회상-상원사 범종의 명문을 중심으로」,『한국고대사연구』68
12. 정현숙, 2018「통일신라 범종 명문의 서풍 변화」한국서예학회『서예연구』33
13. 최응천,「한국범종 순례: 2. 상원사종」,『불교신문』3272호, 2017.
14. 이장무,「신라종의 설계에 관한 연구」,『학술원논문집』55집 1호, 2016.
15. 성원묵,『동경잡기』, 규장각 도서, 1845.

16. 한국고대금석문자료집, http:db.history.go.kr, 국사편찬위원회
17. 염영하, 한국의 종, 서울대학교출판부, 1991.
18. 박흥수, 『중국 상고 때 도량형 제도에 관하여』, 대동문화연구, 1978.
19. 손대호, 『신라사화』, 선일사, 1950.
20. 이병호, 「한국범종의 음향학적 해석」, 『한국음향학회논문집』 1권, 1980.
21. 김양한, 「성덕대왕신종의 음향 진동 측정 및 특성 분석」, 『성덕대왕신종 종합논고집』, 국립경주박물관, 1999.
22. 『청주 운천동雲泉洞 동종 보존처리 보고서』, 국립청주박물관, 2008.
23. 2016년 1월 14일 국립청주박물관 윤종균 학예연구실장의 인터뷰
24. 염영하, 『한국의 종』, 서울대학교출판부, 1991.

7장

1. 이호관, 「고려 전기의 범종 연구」, 『범종』, 3권, 1980.
2. 염영하, 『한국의 종』, 서울대학교 출판부, 1991.
3. 곽동해, 「한·중·일 종의 조형 형식 연구」, 동국대학교 박사학위 논문(지도교수: 정명호), 1999.
4. 이호관, 「고려 전기의 범종 연구」, 『범종』, 3권, 1980.
5. 위의 책
6. 위의 책
7. 염영하, 『한국의 종』, 서울대학교출판부, 1991.
8. 위의 책
9. 이호관, 「고려 전기의 범종 연구」, 『범종』, 3권, 1980.
10. 염영하, 『한국의 종』, 서울대학교출판부, 1991.
11. 위의 책
12. 위의 책
13. 고유섭, 『송도松都의 고적古蹟』, 열화당, 1977.

8장

1. 염영하, 『한국의 종』, 서울대학교출판부, 1991.
2. 정영호, 『조선전기 범종고-흥천사종, 보신각종』, 『동양학』, 1집, 1971.
3. 위의 책
4. 염영하, 『한국의 종』, 서울대출판부, 1991.
5. 정영호, 「조선시대 범종 연구 시론」, 『범종』, 16권, 1994.
6. 정영호, 「조선전기 범종고-흥천사종, 보신각종」, 『동양학』, 1집, 1971.
7. 위의 책
8. 한용운, 「건봉사 및 건봉사말사사적」, 『한용운전집』4, 신구문화사, 1973.
9. 나형용, 이영배, 이장무, 곽동해, 「낙산사 동종 안전진단 학술용역」, 서울대학교 정밀기계설계공동연구소, 2003.
10. 정영호, 「조선조 전기범종고-낙산사종, 봉선사종」, 『동양학』, 1집, 1971.

11. 나형용, 이영배, 이장무, 곽동해,「낙산사 동종 안전진단 학술용역」, 서울대학교 정밀기계설계공동연구소, 2003.
12. 정영호,「조선조 전기범종고-낙산사종, 봉선사종」,『동양학』, 1집, 1971.
13. 위의 책
14. 염영하,『한국의 종』, 서울대학교출판부, 1991.
15. 위의 책

9장

1. 염영하, 이장무, 이영배, 나형용, 강춘식, 성굉모,『보신각 새종 설계 제작에 관한 연구』, 서울대학교 공과대학 부설 생산기술연구소, 1985.
2. 염영하, 이장무, 이영배, 나형용, 강춘식, 성굉모, 강찬균,「보신각 새종의 설계 및 제작」,『범종』, 8권, 1985.

아래 사진의 출처는 다음과 같습니다.
국립중앙박물관/ 본문 170, 172, 173쪽
박해진/ 화보 1, 2, 3, 6, 7, 10, 11, 12, 13쪽/ 본문 3, 22, 53, 120,
 121, 133, 157, 158, 159, 172(삼선암종), 196, 197, 203쪽
청주박물관/ 화보 4, 5쪽

찾아보기

Great Paul 87

ㄱ

감쇠 76, 83, 84, 218
강화청동종 14
개성 연복사종 14, 167, 168, 178
걸쇠 53, 54, 113
고려종 14, 38, 39, 119, 151 – 153, 157 – 159, 168 – 172, 177, 178, 194, 197, 198
고유주파수 56, 58, 76 – 78, 81, 82, 84, 85, 87, 91, 98 – 104, 109, 110, 114, 187, 221, 227
고유진동모드 82, 83, 89, 92, 105, 106
공명 8, 9, 42, 56, 72, 109 – 112, 235
공명주파수 56, 109, 110
광명사종 14, 68, 118, 149

ㄴ

낙산사종 177, 178, 183 – 188, 195, 236, 237
내소사종 14, 37, 39, 61, 153, 160, 161, 164

ㄷ

당목 8, 29, 42, 53, 54, 72, 82, 85, 87, 99, 103 – 105
당좌 5, 6, 8, 25, 37, 39, 40, 43 – 45, 49, 51, 52, 54, 61, 75, 82, 85, 91, 92, 94 – 96, 99, 105 – 108, 126, 127, 131 – 133, 135, 137, 139, 141, 145, 149, 155 – 158, 162, 166, 169, 172, 173, 177, 179, 182, 186, 187, 193, 196, 199, 200, 202, 203, 210 – 212, 218, 226

ㅁ

맥놀이 8, 13, 42, 67, 73, 78, 84, 85, 87 – 97, 105, 127, 128, 137, 187, 218 – 220, 222, 224, 226 – 228, 231
맥놀이지도 96, 97
명동 5, 8, 9, 13, 39, 42, 55, 56, 72, 73, 109 – 111, 178, 233, 235
명문 48, 52, 53, 119, 120, 122, 133 – 136, 143, 156, 159, 160, 163, 164, 168, 169, 171, 178, 180, 187, 190, 192, 193, 200, 202
밀납 7, 69, 125, 217, 232, 234

ㅂ

박종 20, 21
범종 5, 11 – 13, 21, 22, 25, 26, 28, 35 – 37, 40, 64, 74, 86, 91, 100, 112, 118, 119, 125, 129, 135, 153, 160, 176 – 179, 185, 194, 222, 223, 230 – 237
보상화문 51, 125, 132, 155
보신각새종 11, 15, 94, 95, 180, 181, 206 – 208, 210, 213 – 218, 220
보신각종 14, 37, 39, 40, 177, 178, 180, 181, 194, 195, 206 – 208, 236
봉덕사 36, 116, 129, 130, 234, 235
봉선사종 177, 178, 188, 189, 195, 236, 237
비대칭성 89 – 91, 94, 95, 128
비천상 5 – 8, 39, 44, 47, 49, 50, 67, 69,

118, 125 - 127, 131 - 133, 135,
138, 139, 141 - 149, 155, 156,
159, 162, 169, 171, 172, 178, 209,
212, 230

ㅅ

상대　31, 39, 43, 47 - 49, 125, 126, 131,
132, 139, 140, 143, 144, 154, 157,
158, 162, 165, 168, 177, 178, 182,
186, 188, 191, 193, 197, 199 -
203, 210, 211
상원사종　4, 5, 7, 9, 13, 14, 36, 38, 44 - 52,
58, 61, 64, 68, 76, 94, 99, 107,
111 - 113, 118, 120, 122, 125 -
128, 131, 132, 140, 144, 206, 228,
230, 235
선림원종　9, 14, 52, 54 - 56, 59, 61, 64,
109, 118, 146
성덕대왕신종　4 - 10, 14, 36 - 38, 44 - 46,
48 - 56, 58, 61, 64, 66 - 69, 72, 74,
76, 81, 84 - 88, 90, 92 - 94, 96,
99, 101, 107, 108, 112, 116, 118,
129 - 131, 133 - 137, 207, 208,
222, 224, 227, 229, 231, 233 - 236
송산촌대사종　14, 38, 68, 118, 148
스위트 스팟　8, 52, 106
신라종　5, 6, 8, 9, 11, 12, 14, 35, 38, 39,
42, 44 - 51, 56, 58, 61, 64 - 66, 68,
107, 112, 115, 117, 118, 121, 122,
129, 132, 133, 138 - 144, 146,
148, 149, 152 - 154, 156 - 158,
161, 177, 178, 194, 198, 209, 210,
212, 233, 235
실상사종　9, 14, 64, 118, 147
쌍계사 대웅전종　14, 191, 192

ㅇ

여음　8, 52, 58, 74, 76, 78, 81, 84, 85, 87,
88, 90, 91, 95, 96, 100, 102, 109,
110, 114, 127, 128, 137, 221 - 232
연주문대　49, 127, 132, 159
영종　18, 20
용뉴　5, 7, 37, 39, 40, 42, 43, 45 - 47, 58,
67, 69, 111 - 113, 125, 126, 131,
139, 140, 144, 153, 154, 157, 161,
168, 170, 176 - 178, 182, 186,
188, 191, 193, 195 - 202, 208 -
210, 215, 217
용두　5, 40, 42, 48, 51, 59, 68, 125, 132,
140, 141, 148, 154, 157, 158, 161,
164, 168, 170, 171, 178, 182, 193,
194, 207, 209, 210, 212, 229
용종　19, 20
용주사종　14, 157 - 159, 206
운수사종　14, 49, 68, 118, 143, 144
유곽　39, 43, 48 - 50, 52, 67, 125 - 127,
131, 132, 135, 138 - 141, 143 -
145, 148, 149, 155 - 159, 162,
165, 166, 168 - 172, 177, 178,
182, 186, 189 - 193, 195 - 202,
209, 211, 212, 230
유두　43, 48, 49, 127, 132, 141, 145, 149,
155, 158, 162, 166, 172, 178, 192,
193, 209, 211
음속　74 - 76
음통　5, 7, 13, 39, 40, 42, 43, 45 - 47, 59,
68, 69, 72, 109, 111 - 113, 125,
126, 129, 131, 139, 140, 144, 148,
153, 154, 157, 162, 165, 168, 171,
172, 176 - 178, 182, 186, 191,
194, 195, 196, 197, 200, 202, 207,
209, 210, 212, 226
음향필터　112

ㅈ

자유의 종　32, 33, 208
조선종　14, 38, 40, 51, 54, 61, 175, 191,
194, 198, 202
종구경　58, 59, 61, 153, 154

종신고 58, 59, 61, 99, 107, 108, 135, 136,
    153, 154, 157, 212, 222‑227,
    229, 232
종신고/종구경 비 58, 61
종체 5, 25, 42‑45, 47, 49, 56, 67‑69,
    132, 217, 232
주석청동 9, 64, 114, 222
주파수 27, 56, 58, 74‑95, 98‑104, 106,
    109, 110, 112, 114, 128, 187,
    219‑227, 229‑232
주파수 스펙트럼 78‑82, 85, 86, 101, 104,
    219
주파수 쌍 89‑95, 128
집종 19, 29

ㅊ

차르 대종 32, 33
천판 7, 46‑48, 52, 67, 68, 111, 125, 131,
    132, 140, 153, 154, 157, 158, 161,
    165, 168, 173, 176‑178, 186,
    188, 191, 194, 197, 201, 202
천흥사종 14, 39, 119, 154‑156
첨성대 4, 116, 117
청주박물관 신라종 45‑51, 58, 118,
    138‑140
침봉 53‑55

ㅋ

카리용 30‑33

ㅌ

타격음 76, 78, 81, 84‑88, 91, 109, 110,
    114, 127, 137, 223‑225, 227‑
    232
타격중심 8, 106‑108
타종 위치 91
탑산사종 14, 164, 165

ㅍ

파장 74, 76
팔능형 48, 132
편종 26‑29, 37
포석정 116, 117

ㅎ

하대 6, 8, 31, 39, 43‑45, 47‑49, 51, 52,
    54, 58, 61, 87, 95, 99, 101, 125,
    126, 131, 132, 139, 140, 143, 144,
    154, 157, 158, 162, 165, 168, 169,
    177, 182, 186, 187, 189, 191, 193,
    195, 197, 199, 200‑202, 209‑
    212, 222‑230
항아리형 87, 89
현대종 15, 221, 231
화음도 86, 231